Hans von Kap-herr

Die abendländische Politik Kaiser Manuels

mit besonderer Rücksicht auf Deutschland

Hans von Kap-herr

Die abendländische Politik Kaiser Manuels
mit besonderer Rücksicht auf Deutschland

ISBN/EAN: 9783743330894

Hergestellt in Europa, USA, Kanada, Australien, Japan

Cover: Foto ©ninafisch / pixelio.de

Manufactured and distributed by brebook publishing software
(www.brebook.com)

Hans von Kap-herr

Die abendländische Politik Kaiser Manuels

DIE

ABENDLÄNDISCHE POLITIK

KAISER MANUELS

MIT BESONDERER RÜCKSICHT AUF DEUTSCHLAND.

VON

HANS VON KAP-HERR.

———————

STRASSBURG.

KARL J. TRÜBNER.

1881.

PROFESSOR SCHEFFER - BOICHORST

GEWIDMET.

EINLEITUNG.

Seitdem das griechische Reich das Kaiserthum Karls des Grossen anerkannt [1], hat es in der folgenden Periode, bis zu den Kreuzzügen, nie den Versuch gemacht, seine kaiserliche Gewalt über die abendländischen Völker auszudehnen, wenn auch das Bewusstsein von dem besseren und älteren Anspruch auf das Erbe des römischen Reiches in Byzanz nicht erloschen ist. In der Zeit des Ausgangs der Karolingerherrschaft hätte es Gelegenheit gehabt, den überkommenen Traditionen gemäss seine Macht im Westen wieder zu erweitern, wenn nicht dem Verfall der abendländischen Kaisergewalt eine Periode der Erschlaffung in Byzanz zur Seite gegangen wäre [2]. Als dann während der Regierung Ottos I., des Herstellers des abendländischen Kaiserthums, in Nicephorus ein kraftvoller Vertreter des morgenländischen Reiches sich erhob, begann ein neuer Konflikt [3]; aber es handelte sich nicht um eine prinzipielle Auseinandersetzung über die Rechtsansprüche auf das römische Reich; der Streit wurde vielmehr geführt um den Besitz gewisser unteritalischer Gebiete, wo neben den beiden Kaiserreichen die Longobarden und die Araber als Mitbewerber auftraten. Der Kampf dauerte in den folgenden Jahrhunderten fort. Im elften kamen die Normannen und die Kurie hinzu. Wir sehen jene Mächte sich in häufig wechselnden Coalitionen befehden: jede duldet ihren Bundesgenossen nur so lange,

---

[1] Im Jahre 812. Vgl. Harnack Die Beziehungen des fränkisch-italienischen zu dem byzantinischen Reiche. 53.

[2] Giesebrecht Gesch. d. dtschen Kaiserzeit I. 373 u. f.

[3] Giesebrecht I. 519 u. f.

1

bis der gemeinschaftliche Feind besiegt ist und eine Gelegenheit sich findet, um dem Genossen des Kampfes das Recht an der Beute streitig zu machen. Zunächst allerdings sind in der Regel die Deutschen mit den Longobarden gegen die Araber und die Griechen verbündet[1]. Deutsche und Longobarden standen den Arabern als Feinden des Christenthums gegenüber, kirchliche Gegensätze trennten auch die Griechen von den Abendländern. Otto II. hatte zwar eine griechische Prinzessin geheirathet; aber wie bedeutend auch die Einflüsse gewesen sein mögen, welche die feingebildete Theophano auf deutsche Kunst und Sitte geübt hat[2], ein dauerndes Einvernehmen liess sich zwischen Ost- und Westrom nicht herstellen: zweifellos hat eine gewisse Rivalität der beiden Kaiserreiche zu allen Zeiten fortgedauert[3]. Dazu kam noch, dass sich der Gegensatz der griechischen und römischen Kirche immer schroffer ausbildete, schliesslich zum völligen Bruch führte. Beide Momente vereinigten sich, um Byzanz dem gemeinschaftlichen Leben des Abendlandes zu entfremden.

Ein Umschwung in den politischen Verhältnissen trat erst dann ein, als die beiden in Italien neu emporgekommenen Mächte, das Papstthum und die Normannen, den Bestand der deutschen und der griechischen Herrschaft in diesem Lande bedrohten. Normannische Abenteurer, im Anfang des elften Jahrhunderts von dem Reichthum des Landes nach Unteritalien gelockt, stellten ihre Kräfte anfangs in den Dienst verschiedener Herren, je nachdem ihnen diese glänzende Beute in Aussicht stellten. Gleichzeitig trat in Benedict VIII. zuerst ein Papst als selbständiger Verfechter und Schützer Italiens gegen Griechen und Araber auf[4]. Bald aber strebten sowohl das Papstthum als die Normannen nach einer Erweiterung ihrer Macht. Die letzteren beanspruchten für sich

---

[1] Giesebrecht I. 588 u. f., 721 u. f., II. 177.
[2] Giesebrecht I. 658.
[3] Wilhelm von Tyrus XVI. 21 in Recueil des hist. des croisades. Hist. occident. I. 741. Suspectum enim semper et habuisse et habere Graeci dicuntur nostrum maxime Theutonicorum tamquam imperium aemulantium incrementum omne.
[4] Giesebrecht II. 177 u. f.

das Land, das sie erobern halfen. Im Bunde mit einem Mailänder Abenteurer gelang ihnen eine Empörung gegen Byzanz [1]; rasch wurde Apulien unterworfen, die Hälfte des eroberten Landes erhielt der normännische Graf. Er leistete dem longobardischen Herzog, sein Nachfolger dem deutschen Kaiser den Lehnseid. Auch die Kurie erhöhte ihre Ansprüche. Leo IX. begnügte sich nicht mehr mit der idealen Stellung, die Benedict VIII. dem Papstthum vorgezeichnet hatte. Er war der erste, der von der falschen Schenkungsurkunde Konstantins Gebrauch machte [2]. Zunächst bot ihm die freiwillige Ergebung Benevents Gelegenheit seine territoriale Herrschaft zu vergrössern; er kam hierbei in Konflikt mit den Normannen: die beiden in Italien neu aufstrebenden Mächte schienen sich das Recht ihrer Zukunft bestreiten zu wollen. Heinrich III. erklärte sich für den Pabst, er bestätigte Leos Ansprüche auf Benevent unter Vorbehalt der kaiserlichen Rechte. Wohl mochte er wissen dass die Normannen nur so lange die Abhängigkeit von Deutschland ertragen würden, als sie ihnen Vortheil versprach, und dass eine Erweiterung ihrer Macht den Bestand der kaiserlichen Herrschaft in Unteritalien bedrohe. Dem Bunde Deutschlands und der Kurie schlossen sich nun als die natürlichen Feinde der Normannen die Griechen an; war doch die normännische Herrschaft auf ihre Kosten begründet worden.

Aber in den folgenden Kämpfen blieb nur der Gegensatz von Ost- und Westrom gegen die Normannen bestehen. Das Papstthum erkannte bald in den verwegenen Abenteurern, die trotz mancher politischer Gegensätze doch die devotesten Diener der Kirche waren, ein treffliches Werkzeug für seine eigenen Pläne. Nachdem die Normannen das Heer Leos IX. geschlagen, erschienen sie demüthig vor ihrem besiegten Feinde und flehten um Befreiung von dem Banne, den der Papst über sie verhängt hatte [3], — dies Schauspiel blieb charakteristisch für die Geschichte der püpstlich-normannischen Beziehungen.

---

[1] Giesebrecht II. 421 u. f.
[2] Giesebrecht II. 495.
[3] Giesebrecht II. 504.

Als das Papstthum während Heinrich IV. Unmündigkeit unter Nikolaus II. Kraft genug gewonnen hatte, um auch ohne, ja vielleicht gegen das deutsche Kaiserthum territoriale Ansprüche in Italien geltend zu machen, fand es in den Normannen eifrige Helfer. Der Bund, welchen die Kurie mit ihnen schloss, ermöglichte beiden die Rolle des Angreifers und verschaffte beiden den Sieg. Die letzten Bollwerke der Griechen in Italien fielen den Normannen in die Hände [1], bald darauf, in dem Laufe zweier Jahrzehnte, auch die der Longobarden [2] und Sarazenen [3]. Die Päpste führten ihren Kampf mit den Frankenkaisern, der im Wormser Konkordate seinen Abschluss fand. Die Normannen stellten dem Papste kampfbereite Ritter, und Rom segnete ihre Waffen, ihren Eroberungen ertheilte es den Schutz seiner Autorität.

Robert Guiskard begnügte sich aber nicht mit seinen italienischen Erwerbungen. Er verlegte den Krieg nach Griechenland und bedrohte den Bestand des byzantinischen Reiches [4]. Als sich Kaiser Alexius an Deutschland um Hülfe wandte [5], ging Heinrich IV. bereitwillig auf ein Bündniss mit Byzanz ein, denn das Geld, das ihm die Griechen zur Verfügung stellten, kam ihm in dem Kampfe mit Gregor trefflich zu Statten [6]. Was war auch natürlicher, als dass die beiden Kaiser, die sich als berechtigte Erben des römischen Reiches betrachteten, sich gegen das Papstthum verbündeten, seitdem dieses die römische Weltherrschaft in ihrem ganzen Umfange für sich in Anspruch nahm? Der Streit um Kirche und Reich hatte den Gegensatz von Byzanz und Deutschland bedingt; seitdem im Abendland das Reich mit der Kirche zerfallen war, schien die Rivalität der beiden Kaiserreiche vergessen, sie einigten sich gegen das welterobernde Papstthum und gegen die normannischen Freibeuter.

---

[1] im J. 1071 Giesebrecht III. 204.
[2] im J. 1078 Giesebrecht III. 455.
[3] im J. 1090 Giesebrecht III. 208.
[4] Giesebrecht III. 510, 544 u. f.
[5] Brief des Kaisers Alexius an Heinrich IV. Anna Comnena Alexias I. 174—177. Giesebrecht III. 551.
[6] Giesebrecht III. 555.

Hatten demnach seit dem Emporkommen der Normannen gemeinschaftliche Interessen Byzanz mit Deutschland und vorübergehend auch mit der Kurie geeinigt, so war diese Verbindung doch nicht stark genug, um das griechische Reich aus der selbstgenügsamen, isolirten Stellung, in die es sich seit dem Anfange des Mittelalters begeben hatte, herauszureissen. Erst die Kreuzzüge veränderten von Grund aus das Verhältniss von Byzanz zum Abendland. Durch sie wurde es mit den Vertretern sämmtlicher europäischer Staaten in lebhafte Berührung gebracht, es wurde gleichsam in den Mittelpunkt der wichtigsten Interessen gestellt, die Europa mit den auf asiatischem Boden erblühenden Kolonialländern verbanden. Ueber Byzanz giengen all' die Fahrten frommer Pilger und thatendurstiger Abenteurer, die damals das Abendland nach dem Orient schickte. Zugleich nahm der levantinische Handel einen mächtigen Aufschwung. Neben Venedig, das bisher fast allein das östliche Becken des Mittelmeeres beherrscht hatte, traten jetzt Genua und Pisa als mächtige Rivalen. Sie gründeten Kolonien in den syrischen Staaten, die sofort mit den italienischen und französischen Handelsplätzen einen lebhaften Verkehr entwickelten [1]. Byzanz aber wurde der bedeutendste Stapelplatz des binnenländischen Handels [2]. Venetianer, Genuesen, Pisaner, Deutsche, Franzosen und Russen hatten hier ihre Handelsquartiere.

Als Barbaren verachtete der Grieche die Abendländer [3] und er hatte ein Recht dazu; denn mit fast ängstlicher Sorge hatte er das Erbe antiker Kultur gehütet. Vor allem war die Form des antiken Staates bewahrt; fremdartig erschien ihm die feudale Stufenordnung, die er bei den Abend-

---

[1] Heyd Geschichte des Levantehandels I. 146.

[2] Benjamin von Tudela, übersetzt von A. Her 51: Hier begegnete man Kaufleuten aus Babylon, Mesopotamien, aus Medien und Persien, aus Aegypten und Palästina, aus Russland und Ungarn, aus Petschenegenland, aus Lombardei und Spanien.

[3] z. B. Cinnamus II. 13 p. 71.

ländern bemerkte [1]. Ihm war der Staat der einzige Herrscher
über alle, unbeschränkt war der Wille des Monarchen, un-
geschwächt die straffe Disziplin der Verwaltung [2], in alter
Strenge und Sorgfalt wurde Recht und Gesetz gehandhabt [3],
ein ausgebildetes Steuer- und Zollsystem liessen dem Staats-
schatz reiche Mittel zufliessen [4]. Industrie und Handel waren
als Monopole grösstentheils in den Händen des Staates [5].

Kein Land des Westens konnte eine Hauptstadt aufweisen, die sich nur entfernt mit Byzanz an Reichthum und
Grösse, an Pracht der Kirchen, Paläste und Theater messen
konnte [6]. Der Grieche hatte manche industrielle und künst-
lerische Uebung bewahrt, die der Abendländer nicht kannte [7].
Er verwendete einen Luxus auf Nahrung und Kleidung, der
dem Abendländer fremd war [8], all' die Erzeugnisse des
Orients, die einem verfeinerten Lebensgenuss dienten, strömten
in Byzanz zusammen. Auch an geistiger Kultur fühlte
sich der Grieche dem Abendländer weit überlegen; er konnte

[1] Cinnamus II. 12 p. 68—69.
[2] Wilhelm v. Tyrus XX. 22 p. 982. pristina et inviolabilis imperii
disciplina. Ein Beweis für die straff organisirte innere Verwaltung ist
die Gefangennahme der Venetianer im ganzen Reich an einem Tage,
ferner die prompte Verproviantirung der Kreuzheere.
[8] Wibald ep. 246 p. 369. in quo est ordo legum et juris civilis
ratio. Zachariae a Lingethal Jus Graeco-romanum 455. Vergl. den
Excurs I. über Cinnamus und Nicetas.
[4] Nicetas I. 3 p. 74. Benjamin v. Tudela 53.
[5] Hüllmann Geschichte des byzantinischen Handels 16, 17, Heyd
Gesch d. Levh. I. 61, 62.
[6] vergl. z. B. Benjamin v. Tudela 52.
[7] vergl. z. B. Nicetas II. 8 p. 130. Cinnamus VI. 8 p. 275 Bau
von Kloaken und Wasserleitungen.
[8] Benjamin v. Tudela 54. The Greecs, who inhabit the country
are exstremely rich and posess great wealth of gold and precious
stones. They dress in garments of silk ornamented by gold and other
valuable materials; they ride upon horses and in their appearance
they are like princes; The country is rich producing all sorts of delica-
cies as well as abundance of bread, meat and wine and nothing upon
earth equals their wealth. They are well skilled in the greec sciences
and live comfortably every man under his wine and his fig-tree.

den Homer sein eigen nennen[1], und seine Häuser waren geschmückt mit den Werken hellenischen Meissels[2].

Aber der antike Geist war den Byzantinern abhanden
gekommen; kein Patriotismus belebte sie, höchstens vermochte
sie der Ehrgeiz aus ihrer Trägheit zu erheben[3]. Sie waren
verkommen in Weichlichkeit und Schwelgerei[4]; in der
Schlacht waren sie feig und unzuverlässig und auch im
Handel, den sie im früheren Mittelalter mit Syrern und
Juden getheilt hatten, mussten sie den findigen Italienern
weichen[5]. Die Bevormundung durch den Staat, der von seinen
Unterthanen nur Steuern verlangte, keine Kriegsdienste, der
mit diesen Steuern Söldner zum Schutze der Grenzen zahlte,
hatte die Griechen jeder energischen Initiative entwöhnt.
Ihre litterarischen Erzeugnisse zeigten grossentheils geschmack-
losen Schwulst und hohle Rhetorik, ihre dialektische Gabe
vergeudeten sie in dogmatischen Spitzfindigkeiten.

Dem alternden erschlafften Griechenvolke stellte sich
in den Kreuzzügen die Blüte lateinischer Ritterschaft dar,
glaubensfreudige, begeisterte Männer und thatkräftige Helden,
den Griechen weit überlegen an kriegerischer Tüchtigkeit;
und mit ihnen kamen kühne und unternehmende Kaufleute,
die ihren Gewinn mit dem Schwerte zu vertheidigen bereit
waren. Es fragte sich, wie sich Byzanz diesen neuen Eindrücken einer halbbarbarischen Kultur gegenüber verhalten
würde, ob es in seiner selbstgenügsamen, vornehmen Haltung
verharren würde, oder ob es den eigenthümlichen Vorzügen

---

[1] Nicetas benutzt den Homer. Eustathius verfasste einen Com-
mentar zum Homer.
[2] Vergl. Nicetas De signis Constantinopolitanis 854 u. f.
[3] Cinnamus VI. 3 p. 259.
[4] Benjamin v. Tudela 51. They have no martial spirit themsel-
ves and like women are unfit for warlike enterprizes. Cin. II. 8 p. 53.
Wilh. v. Tyrus XII. 11 p. 1081. Quod licet Graecorum more mollis
esset supra modum. XVII. 17 p. 789 Graecorum mollities. XVII. 17
p. 786 Graecis viris effeminatis et mollibus.
[5] Heyd Geschichte d. Levh. I. 64 u. 65.

der Abendländer, die auch den Griechen nicht verborgen
bleiben konnten, soweit Konzessionen machen würde, dass
es in den Verein der abendländischen Staaten als ein
gleichartiges Glied einzutreten strebte. Oder würde Byzanz
vielleicht sogar den Ehrgeiz haben, die Führung derselben
übernehmen zu wollen?

Durch die Ueberlegenheit seiner Politik hatte Kaiser
Alexius trotz der bedrängten Lage, in der es sich während
des ersten Kreuzzuges befand, doch durchzusetzen gewusst,
dass seine Oberlehnsherrlichkeit über die in Asien zu er-
obernden Länder von den Kreuzfahrern anerkannt wurde;
mächtig genug mag es die stolzen Erinnerungen des Byzantiners belebt haben, dass er sich hier den Vertretern des
Abendlandes gegenüber als der einzige römische Kaiser fühlte.
Denn das weströmische Reich war unter den Kreuzfahrern
nicht vertreten. Geschwächt durch die Niederlage, die es
im Kampfe mit der Kurie erlitten, erfuhr es jetzt eine bedeutende Schädigung seines Ansehens in Europa, da es an
der ersten allgemeinen Bewegung des Abendlandes nicht
Theil nahm.

Den Niedergang Deutschlands begleitete ein sichtbarer
Aufschwung im Ostreiche. Angriffe der Normannen, dann
der Ungarn, Petschenegen und Serben wurden von Kaiser
Alexius und Kaiser Johannes siegreich abgewiesen; neue
Gebiete wurden dem Reiche erworben, während im Osten
die lateinischen Herrschaften den Schutz gegen die Angriffe
der Sarazenen übernahmen.

Auch im Abendlande schien die politische Constellation
einer Stärkung der byzantinischen Macht günstig zu sein.
Der Bund zwischen Deutschland und Byzanz gegen Rom
hatte keinen dauernden Bestand gewonnen; vielmehr hatte
sich Alexius bald nach dem Tode Gregors der siegreichen
Kurie zu nähern gesucht [1], und als sich unter Heinrich V.
der Investiturstreit erneuerte, verhandelte Paschalis II. mit
Alexius über eine Vereinigung der morgenländischen und
abendländischen Kirche [2]. Zugleich war das Normannenreich

---

[1] Giesebrecht III. 598, 663.
[2] Giesebrecht III. 833.

durch innere Fehden und die Unfähigkeit seiner Fürsten geschwächt[1]. Als der Nachfolger von Kaiser Alexius, Johannes,
die Unionspläne seines Vaters wieder aufnahm, zeigte sich,
dass er eine klare Erkenntniss von der gesteigerten Bedeutug
seines Reiches gewonnen hatte: er forderte für sich das weltliche Schwert als Symbol der einzigen Kaisermacht[2]. Hier
wurde meines Wissens zum ersten Mal von Byzanz eine
Oberhoheit über die abendländischen Völker gefordert. Wie
sich die Kurie zu diesem Anspruch verhalten hat, ist uns
nicht überliefert.

Es ergab sich daraus vorläufig kein Konflict mit Deutsch-
land. Vielmehr bewarb sich etwa zehn Jahre später Kaiser
Johannes um die Bundesfreundschaft Lothars gegen die
Normannen[3], in deren Bekämpfung sich jetzt die wichtigsten
Interessen der beiden Kaiserreiche vereinigten. Ihr Herrscher
Roger hatte von dem Gegenpapste Anaclet II. den Königs-
titel angenommen. Der neuen Würde sollte eine bedeutende
Erweiterung seiner Macht entsprechen. Ganz Süditalien
unterwarf er seiner Herrschaft; was er im Kampfe mit
Lothar vorübergehend eingebüsst, gewann er rasch wieder:
ein grosses Normannenreich wurde gegründet und durch
strenge Zucht des Gesetzes und sorgfältige Ordnung gefestigt[4].
Kürzlich hatte Roger die griechischen Besitzungen in Afrika
angegriffen[5]; in Byzanz war der Eroberungszug Robert Guis-
kards noch unvergessen, und man wusste dort, was man
von den Normannen zu erwarten hatte.

Zugleich lösten sich die Beziehungen zwischen dem
Papste und den Normannen[6]: diese waren unvermeidliche,

---

[1] Giesebrecht III. 951. IV. 52, 53.

[2] Theiner und Miklosich Monumenta spectantia ad unionem
ecclesiarum Graecae et Romanae 4. — Wilhelm v. Tyrus XVI. 21
p. 741 u. 742. Moleste Graeci ferunt, quod eorum rex Romanorum se
dicit imperatorem, in hoc enim jus nimium detrahi videtur imperatori,
quem ipsi monarcham, id est singulariter principari omnibus dicunt
tamquam Romanorum unicum et solum imperatorem.

[3] Giesebrecht IV. 106.

[4] Giesebrecht IV. 62, 117, 122, das Resultat 157.

[5] Giesebrecht IV. 106.

[6] Giesebrecht IV. 53, 62, 78 u. f.

aber doch sehr unbequeme Bundesgenossen jenes gewesen,
sie hatten in der Rücksicht auf die Kirche niemals eine Be-
schränkung ihrer eigenen Eroberungslust erblickt. Mit
Deutschland versöhnt, mochte die Kurie der Normannen
Hülfe entbehren. Zudem hatten sie eben mit einem Gegenpapste gemeinsame Sache gemacht. Der rechtmässige Nachfolger des hl. Petrus vertraute auf Deutschland, und so
erneuerte sich jetzt das Bündniss der drei Weltmächte gegen
die Normannen, wie es zur Zeit Heinrich III. bestanden hatte.
Dennoch kommen schon in dem Briefwechsel Konrads III.
mit Kaiser Johannes Spuren der alten Rivalität zum Vorschein [1]. Konrad hatte sich in Bezug auf Rom, Byzanz und
die Normannen ganz der Politik seines Vorgängers angeschlossen; aber trotz der zärtlichen Freundschaftsversiche-
rungen ist auf Seite des deutschen Königs ein Bestreben er-
kennbar, den byzantinischen Kaiser an prahlerischem Stolz
zu überbieten, so nennt er sich stets Kaiser, während ihn
Johannes einfach als rex anredet.

Dem Kaiser Johannes folgte im Jahre 1143 sein Sohn
Manuel.

Die Vorstellungen, welche wir im Allgemeinen geneigt
sind mit dem Charakter eines Byzantiners zu verbinden,
passen schlecht auf diesen Monarchen. Von schöner, kräftiger
Gestalt [2], das Antlitz gebräunt [3] mit gewinnendem Ausdruck
des Auges [4] — so wird er uns geschildert. Rastlose,
energische Arbeitskraft [5], die ihn auszeichnete, vereinigte
sich in ihm mit den liebenswürdigen Gaben eines heiteren
Temperaments [6]. Vor allem war er ein Mann der That

[1] Otto Fris. Gesta I. 23, 24 p. 36—40 der Schulausgabe.
[2] Nicetas I. 1. p. 69. VII. 7 p. 288. Eustathius Opuscula ed.
Tafel, Grabrede für Manuel 23 p. 201
[3] Nicetas I. 69, II. 5 p. 115. Eustathius 24 p. 201.
[4] Cinnamus V. 3 p. 205. Nicetas I. 1 p. 69. καὶ τῷ τῆς ὄψεως
ὑπομειδιῶντι τὸ ἐπαγωγὸν ἐπεσύρετο.
[5] Nicetas VII. 3 p. 269. Eustathius 54 p. 209.
[6] Nicetas III. 3 p. 142. Eustathius 20 p. 202. Wilhelm v. Tyrus
XXI. 12 p. 1025. Cin. VI. 2 p. 254.

ein Held in der Schlacht[1], der einen tapferen Feind zum
Einzelkampfe herausfordert[2], der selbst ins Wasser springt,
um einen sinkenden Kahn zu retten[3]. Ein ritterlicher Zug
war ihm eigen. Er liebte es wohl, sich im Turniere mit
lateinischen Rittern zu messen[4]. Cinnamus[5] erzählt von ihm,
dass er bald, nachdem er die deutsche Prinzessin geheirathet,
nach dem Beispiel abendländischer Ritter zu Ehren seiner
Frauen einen Kampf mit einer überlegenen Zahl der
Feinde bestanden habe. Nicetas[6] vergleicht ihn mit dem
Sultan von Iconium: beide waren des Kriegshandwerks
kundig, gleich kriegslustig und gleich kriegsmuthig, aber
der Sultan überlegte und berechnete. persönlich setzte er
sich nicht der Gefahr aus, er schickte seine Feldherrn in
die Schlacht. Manuel dagegen, von ritterlicher Art, feurigen
Blutes, kämpft mit eigener Hand, oft war er der erste, der
das Schlachtross bestieg.

Sorgfältig wachte Manuel über das Ceremoniell[7], wie
ein echter Byzantiner; er liebte es, die Fürsten, welche ihn
in Byzanz besuchten, durch eine prunkende, theatralische
Schaustellung zu demüthigen[8]; aber wo es darauf ankam.
war er fähig, die künstliche Glorie des Weltherrschers von
sich abzustreifen; im Felde theilte er alle Strapazen der
Soldaten[9], zu dem Bau von Doryläum trug er selbst Steine
herbei[10], um die Arbeiter durch sein Beispiel anzufeuern.
Als er einmal mit dem König von Palästina jagte, wurde

---

[1] Seine Tapferkeit wird überall gerühmt, ich brauche keine
Beispiele anzuführen.
[2] Nicetas I. 1 p. 71; II. 7 p. 122. Cin. III. 5 p. 99. Vergl·
auch Cin. III. 11 p. 116, IV. 22 p. 192, IV. 23 p. 198.
[3] Cin. V. 8 p. 221; vergl. auch Cin. V. 14 p. 241.
[4] Nicetas III. 3 p. 143—144. Eustathius 20 p. 201 und Tafel
De Thessalonica p. 416 in einer Rede des Eustathius an Manuel.
[5] II. 7 p. 47.
[6] Nicetas VI· 1 p. 227.
[7] Es werden sich hierfür im Verlaufe der Darstellung Beispiele
ergeben.
[8] z. B. Nicetas III 5 p. 155. Des Nicetas Klage über Manuels
Prunksucht und Ostentation VII. 2 p. 266.
[9] Nicetas VI. 8 p. 258. Vergl. Cin. IV. 43 p. 198.
[10] Nicetas VI. 1 p. 227. Eustathius 54 p. 209.

dieser bei einem Sturz vom Pferde verwundet; sofort eilte
Manuel herbei; wie ein gemeiner Soldat kniete er vor ihm
nieder, zum grossen Erstaunen der lateinischen Fürsten,
welche eine solche Erniedrigung unter ihrer Würde erachtet
hätten [1]. Dabei war ihm bei aller Lebhaftigkeit seines Tem-
paraments und seiner Leidenschaften eine Tugend eigen, die
wichtigste für den Mann, dem die Aufgabe gestellt ist, über
andere zu gebieten: die Herrschaft über sich selbst [2]. Nicht
nur körperlichen Schmerz konnte er niederkämpfen [3], gleich-
müthig vermochte er auch die vorwurfsvolle Rede eines Soldaten zu ertragen [4].

Wer dann diesen Mann energischer Thatkraft im Frieden
sah, wie er inmitten der luxuriösen Pracht seiner griechischen
Hauptstadt sich den Genüssen einer überfeinerten Kultur
hingab, mochte meinen, dass er in weichlicher Schwelgerei
sein Leben verbracht habe [5]. Hier war er ein echter Byzantiner; nicht minder war seine Vorliebe für die Erörterung
spitzfindiger Fragen der Glaubenslehre [6] eine Eigenschaft, die
den Byzantiner in ihm erkennen liess. Und gerade in dogmatischen Disputationen bewährte sich die Schärfe seines
Verstandes [7] und die siegreiche Kraft seiner Rede [8]. Doch
erzeugten diese Eigenschaften in ihm keineswegs selbst-
bewussten Glauben an die eigene Unfehlbarkeit; vielmehr
liess 'er sich wenigstens in politischen Dingen von einer
überlegenen Einsicht gern leiten, wenn er sie als solche erkannt hatte [9].

---

[1] Wilh. v. Tyrus XVIII. 25 p. 864.

[2] Nicetas I. 1 p. 68 stellt ihm den jähzornigen Isaak gegenüber.
Eustathius 27 p. 202; Cin. III. 5 p. 99, V. 2 p. 254.

[3] Cin. VI. 5 p. 264.

[4] Nicetas VI. 4 p 241—242.

[5] Nic. VII. 3 p. 269.

[6] Cin. VI. 2 p. 253.

[7] Cin. VII. 12 p. 290. Eustathius 13 p. 109. Nicetas I. 1 p. 68.

[8] Cin. VI. 2 p. 254. Die byzantinische Geistlichkeit verschwor
sich, bei einem dogmatischen Streit nicht einzeln zum Kaiser zu gehen,
denn der einzelne war gewiss, vom Kaiser überzeugt zu werden. Nic.
VII. 5 p. 274—284.

[9] Nicetas I. 3 p. 74 und 78. Vergl. auch Zachariae Jus Graeco-
romanum 155.

Weicheren Regungen des Gemüthes war er leicht zugänglich; man rühmte seine Freigebigkeit[1], er war zum Verzeihen geneigt[2], edelmüthig[3] und hochherzig. Schwer wurde es ihm den Freund seiner Jugend zu strafen, der ihm nach dem Leben trachtete.[4] Als Manuel die Regierung übernahm, waren des Reiches Grenzen im Osten und Westen gesichert, seine Feinde waren theils zurückgeschlagen, theils sogar unterworfen. Kaiser Johannes hatte in sparsamer, wohlorganisirter Verwaltung einen reichen Schatz gesammelt,[5] das Heer war trefflich geschult.[6] Bei dem gleichzeitigen Niedergang der deutschen Kaisergewalt mochte es dem jungen hochstrebenden Fürsten an Muth nicht fehlen, die Erbschaft des römischen Reiches in Anspruch zu nehmen. Und er zögerte nicht seine Gesinnung an den Tag zu legen.

Kaiser Johannes und König Konrad hatten eine Vermählung Manuels mit Konrads Schwägerin, der Gräfin Bertha von Sulzbach verabredet.[7] Als nun Manuel die Regierung angetreten, schickte er seine Gesandten zu Konrad, um das Bündniss gegen die Normannen zu erneuern und über die geplante Vermählung zu verhandeln. Dabei scheint der griechische Gesandte Nicephorus dem König die kaiserlichen Ehren versagt zu haben.[8] Diese Ceremonie aber hatte eine sehr reale Bedeutung, sie enthielt die Anerkennung des Rechtes auf Italien.[9] Und so mögen wir es begreiflich finden, dass

---

[1] Cin. II. 2 p. 33. Wilh. v. Tyrus XXII. 5 p. 1069. Vir omnium principum munificentissimus, cujus eleomosynas et largissima beneficia enarrabit omnis ecclesia sanctorum; ferner Nicetas I. 3 p. 79. Thomas Archidiaconus hist. Salonitana cap. XXII. p. 330 in Lucius De Regno Croatiae et Dalmatiae.

[2] Nicetas II. 5 p. 117.

[3] Cin. III. 17 p. 128.

[4] Nicetas III. 2 p. 138; Cinn. III 17 p. 127.

[5] Nicetas I. 3 p. 79.

[6] Nicetas II. 1 p. 103.

[7] Otto Frising. Chron. VII. 28 p. 339. Gesta I. 23 p. 36.

[8] Giesebrecht 215 u. 469.

[9] Die Griechen beriefen sich später auf ihren Kaisertitel, um den Anspruch auf Italien zu begründen. So jedenfalls ist die Stelle Cin.

Konrad den Gesandten von sich wies und ihn erst wieder zu
Gnaden annahm, als er ihn „mit süssen Worten erheitert".
In dem Briefe den er an Manuel richtete, bezeichnete er sich
als *vere Romanorum imperator*, während er jenen als rex
anredet; er sagt, Nicephorus habe ihn durch die angeführten
Worte nicht weniger erzürnt, als wenn er seinen Sohn in
seiner Gegenwart niedergestossen hätte.

Doch dieses Ereigniss hatte zunächst keine Folgen für
die Beziehungen beider Kaiserreiche. Zu wichtig erschien
ihnen das Bündniss gegen die Normannen, das jetzt neu bekräftigt wurde. Manuel hatte um 500 Mann Hülfstruppen
gebeten, Konrad bot ihm 2 ja 3 Tausend für den Fall, dass
er ihrer bedürfe, ja er wolle ihm in eigener Person mit seiner
gesammten Streitmacht zu Hülfe kommen, ehe er dulde, dass
Manuel irgend einen Schaden leide.

Im Januar des Jahres 1146 wurde die Vermählung
Manuels mit Bertha von Sulzbach vollzogen. Die byzantinischen Schriftsteller sind einig in dem Lobe ihrer Kaiserin
Irene.[1] Sie war eine einfache deutsche Frau, nicht durch
Schönheit ausgezeichnet; allem Prunke und falschem Putze
abhold, hatte sie „den geraden Sinn, wie er den Deutschen
eigen ist."[2] Aufrichtig verehrte sie ihren Gemahl, und es
fiel den Byzantinern auf, als sie ihre Bewunderung einmal
vor versammeltem Senate naiven Ausdruck gab:[3] sie sei aus
kriegerischem Geschlechte entstammt, aber sie habe niemals

IV. 2 p. 136—137 zu deuten. — Wir dürfen die Ceremonien des Mittelalters nicht in der Weise als eine blosse Form betrachten, wie wir es
jetzt zu thun gewohnt sind. Offenbar liegt dem mittelalterlichen Ceremoniell der reale Inhalt viel näher, und reale Gegensätze werden zunächst sichtbar in der Form von Ceremonieustreitigkeiten und finden
wohl auch ihre Erledigung in Form einer Ceremonie. Friedrichs Streit
mit Hadrian knüpft sich an einen Streit über die Form der brieflichen
Anrede; hieher gehört das Steigbügelhalten der römischen Kaiser und
Friedrichs Weigerung; ferner der Fusskuss Friedrichs in Venedig, der
den Zeitgenossen als Symbol des hergestellten Friedens galt. Vgl.
auch Wibald ep. 374 p. 501.

[1] Cin. II. 4 p. 36. Nicetas I. 2 p 73. Cin. V. 1 p. 202.
[2] Nicetas I. 3 p. 73. εἶχε δὲ τὸ μὴ ἐπικλεῖς ἔθνικον
[3] Cin. III. 5 p. 99.

gehört, dass ein Mann in einem Jahre so herrliche Thaten
vollbracht.

Manuels sanguinischer und prunksüchtiger Charakter
wird zu dem ihrigen nicht immer gepasst haben. Dazu kam,
dass sie ihm keinen Nachfolger schenkte. So mag er ihr
eheliche Treue nicht bewahrt haben. Als sie aber starb, erschien es ihm, als ob ein Glied seines Körpers ihm genommen sei, er ging einher, wie ein gebrochener Mann. [1]
Noch mochte der deutsche Gesandte, der Bertha von
Sulzbach begleitet hatte, in Byzanz weilen, als Gesandte des
Königs von Frankreich mit Briefen des Königs und des Papstes
eintrafen, welche dem Kaiser einen neuen Kreuzzug ankün-
digten. [2] Charakteristisch war die Antwort Manuels: er freue
sich über den edlen Zweck des Unternehmens, sei auch bereit,
für eine gute Aufnahme und Verpflegung der Kreuzfahrer zu
sorgen, aber er erwarte, dass ihm die Franken dieselbe Ehre
erwiesen, wie einst seinem Grossvater Alexius.

Durch den zweiten Kreuzzug wurde die Basis geändert,
auf welcher der Bund zwischen Deutschland und Byzanz geschlossen worden war; der Kriegsplan gegen die Normannen
musste dem Glaubenskriege weichen. Byzanz war dadurch
nicht nur isolirt, es war dem Angriffe Rogers wehrlos ausgesetzt. Denn die Franzosen, die Verbündeten Konrads,
waren zugleich die erklärten Freunde der Normannen; [3] und
während Manuel seine Truppen in der Nähe von Konstantinopel zusammenzog, um dieses gegen einen möglichen Ueber-
fall durch die Franzosen und gegen die Ausschreitungen der
deutschen Kreuzheere zu schützen, musste er die griechische
Küste den normännischen Plünderern preisgeben. Dennoch
schien damals das Einvernehmen zwischen Deutschland und
Byzanz so befestigt, dass Eugen III. die Zurückführung der
griechischen Kirche in römische Obedienz als einen möglichen
Erfolg von Konrads Einfluss auf Manuel ins Auge fassen
durfte.

---

[1] Nicetas III. 5 p. 151.
[2] Theiner und Miklosich Monumenta spectantia ad unionem etc. 7.
vom August 1146. Embrico starb am 10. November auf der Rückreise
zu Aquileja.
[3] Giesebrecht IV. 268—269.

§. 1. BEZIEHUNGEN ZWISCHEN DEUTSCHLAND UND BYZANZ WÄHREND DES ZWEITEN KREUZZUGES.

Ueber die Beziehungen zwischen Manuel und Konrad während des zweiten Kreuzzuges besteht zwischen Kugler und Giesebrecht eine Controverse, in der es sich darum handelt, welcher Grad von Glaubwürdigkeit dem Berichte des Cinnamus beizumessen sei. Die Entscheidung in dieser Frage wird für den grössten Theil meiner Aufgabe von grundlegender Bedeutung werden, und es sei deshalb gestattet, den Gang der begonnenen Erzählung durch eine kritische Auseinandersetzung zu unterbrechen.

Kugler [1] meint, dass des Cinnamus Bericht auf Grund griechischer Archivalien verfasst sei, dass seine Urtheile über Kreuzzugsangelegenheiten zwar immer verdächtig seien, nicht aber seine thatsächlichen Berichte. Diejenigen Nachrichten, welche bei Cinnamus allein vorkämen, liessen sich z. Th. an Odo von Deuil controlliren, die übrigen verdienten wegen

---

[1] Studien zur Geschichte des zweiten Kreuzzuges 36 und 37. In seiner neuesten Darstellung des zweiten Kreuzzuges (Kuglers Geschichte der Kreuzzüge in Onken Weltgeschichte in Einzeldarstellungen 20. Abth. p. 4 ff.) legt Kugler auch jetzt noch im Wesentlichen den Bericht des Cinnamus zu Grunde, obgleich er die auffälligsten Schroffheiten desselben mildert; so scheint er die Schlacht bei Constantinopel aufgegeben zu haben, denn er sagt „und wenigstens einmal -- bei Adrianopel hat sich zwischen beiden ein blutiger Kampf entwickelt." Uebrigens ist bei der populären Fassung die Stellung Kuglers zu den Quellen nicht mit Sicherheit zu ermitteln.

innerer Wahrscheinlichkeit unseren Glauben. Anders Giesebrecht[1]; er tritt Cinnamus mit dem Verdacht gegenüber, auch
in den Berichten über die Thatsachen übertrieben und aus-
geschmückt, ja geradezu erfunden und gefälscht zu haben.
Dagegen hat Kugler[2] seinen Standpunkt in den „Analekten
zur Geschichte des zweiten Kreuzzuges" näher begründet.

Cinnamus[3] gibt einen sehr ausführlichen Bericht über
den Zug der Deutschen durch Griechenland mit einem Briefwechsel, der Konrad und Manuel in immer wachsender Feindseligkeit zeigt, und zwar den ersteren als haltungslosen
Schwächling, seinen Kaiser als den geistig und materiell überlegenen, der edelmüthig mit seiner Rache zurückhält, dann
nachdrücklich straft und schliesslich grossmüthig verzeiht.
Wir hören von Schlachten bei Adrianopel und Konstantinopel,
in welchen die Deutschen geschlagen werden. Nach der
letzteren schreibt Manuel an Konrad, er sei in seiner Hand,
wie ein Sperling; er verweigert ihm die Schiffe zur Ueberfahrt nach Asien, und befiehlt ihm, dahin zurückzukehren,
woher er gekommen. Aengstlich setzt Konrad in Kähnen
über die Meerenge. Aber hiermit ist die Feindseligkeit noch
nicht vollendet. Manuel schickt dem deutschen Heere Boten
nach, welche dem König eine ungeheure Zahl von Soldaten
abwendig machen.

Eine wesentliche Stütze seiner Ansicht findet Kugler
in dem von Cinnamus überlieferten Briefwechsel zwischen
Konrad und Manuel. Er meint, dass Cinnamus nach Archivalien gearbeitet habe, die ihm in seinen hohen Staatsämtern
zugänglich gewesen wären. Für die Echtheit der Briefe führt
er angebliche innere Vorzüge von Cinnamus Erzählung an,
andererseits will er die von diesem berichteten Thatsachen
mit der Annahme stützen, dass jene Briefe aus griechischen
Archiven stammen. Eine methodische Forschung wird die
Frage nach der Echtheit der Briefe und nach der Glaubwürdigkeit der Erzählung auseinanderhalten.

Kugler kennt die Sitte „der griechischen — er meint

---

[1] IV 408 u. 470, 480.
[2] 11—12 u. 59—69.
[3] II 12—20 p. 67—89.

doch wohl der antiken — Historiographen, Reden im Charakter der jeweilig geschilderten Situation nach eigenem Ermessen frei nachzubilden". Ich glaube kaum auf Widerspruch zu stossen, wenn ich die Reden und Briefe bei antiken Historikern im allgemeinen als frei erfundene, der Situation angepasste Dichtungen bezeichne. Jedenfalls haben sich die späteren antiken Historiker, von denen doch zunächt eine Einwirkung auf die Byzantiner zu erwarten ist, wenig um die historische Zuverlässigkeit des Materials gekümmert, das ihnen für ihre rhetorischen Zwecke dienlich schien. Thatsächlich steht Cinnamus unter dem unmittelbaren Einfluss der antiken Historiographie. Er kennt Xenophons Cyropädie.[1] Die Reden und Briefe, die Cinnamus häufig von den Kaisern anführt, zeigen durchweg dieselbe rhetorische, inhaltlose Fassung, wie etwa bei Livius[2]. Kaiser Johannes hält vor seinem Ende bei Cinnamus[3] und bei Nicetas[4] Reden von ganz verschiedenem Inhalt.

Kugler betont, dass Cinnamus als kaiserlichem Geheimschreiber das Archiv zugänglich war. In diesem Falle konnte er sich doch wohl auch Kenntniss derjenigen Briefe verschaffen, die vor dem Friedensschluss im Jahre 1158 zwischen Manuel und Wilhelm von Sizilien gewechselt wurden. Auch hier veröffentlicht Cinnamus[5] eine Correspondenz; aber sie ist von einer Kürze, von einem so deklamatorischem Tone, vor Allem sie widerspricht so sehr den wirklichen Verhältnissen[6], dass man über ihren Werth und Charakter keinen Augenblick im Zweifel sein kann: wie ich mit Bestimmtheit glaube, wird auch Kugler dieselbe für eine tendenziöse Erfindung halten. Ich leugne die Möglichkeit nicht, dass Cinnamus in dem einen Falle aus freier Phantasie gedichtet und gefälscht, in dem anderen aktenmässiges Material redigirt habe, aber ich erwarte

---

[1] I 1 p. 3.
[2] Cinnamus II 1 p. 31, II 5 p. 39, II 5 p. 41, II 6 p. 43, II 7 p. 40, II 7 p. 51.
[3] I 10 p. 26.
[4] Johannes Comnenus 12 p. 56.
[5] Cin. IV 15 p. 173 u. f.
[6] Vgl. Excurs II. zum Jahr 1158.

überzeugende Gründe. Denn für einen Brief bei Cinnamus
ist nicht der Beweis der Unechtheit zu führen, ehe wir
ihn verwerfen, sondern der Echtheit, ehe wir ihn als
Urkunde verwerthen. Den aber hat Kugler nicht erbracht,
und man wird ihn überhaupt nicht erbringen können.
Im Gegentheil ist die Thatsache, dass von fünf Briefen,[1] die
zwischen Konrad und Manuel gewechselt werden, vier mit
einer Sentenz beginnen, nicht geeignet, eine günstige Meinung
zu erwecken. Und einer solchen wenigstens bedarf es, um
sie nicht von vornherein mit anderen Briefen oder auch den
Reden auf eine Stufe zu stellen. die wir bei Cinnamus in
grosser Auswahl als dichterische und tendenziöse Erfindungen
antreffen, auf eine Stufe z. B. mit der Rede,[2] welche die
Gesandten Manuels vor Konrad bei seinem Eintritt in das
byzantinische Reich halten. Auch Kugler nimmt an, dass
sie von Cinnamus dem späteren Verlauf der Verhandlungen
entsprechend componirt sei. Es ist kein Grund ersichtlich,
warum nicht auch der folgende Briefwechsel zwischen Manuel
und Konrad in dem Sinne verfasst sein sollte, wie sich Cinnamus
den Verlauf der Verhandlungen und den Gang der Thatsachen dachte. Die Briefe würden auch dann keinen Werth
als Briefe haben, wenn sich die Erzählung des Cinnamus selbst
als richtig erweisen sollte.

Diese gilt es jetzt auf ihre Glaubwürdigkeit zu prüfen.
Sie steht allein innerhalb der gesammten übrigen Tradition.
Wenn Kugler bei Cinnamus im allgemeinen einige Vergleichs-
punkte mit Odo von Deuil findet, so beziehen sie sich nicht
auf Ereignisse, die für die Entscheidung unserer Frage von
Wichtigkeit sind. Kugler gibt in den Analekten[3] zu, dass
die „ungeheuerlichen Dinge", an denen Giesebrecht Anstoss
nimmt, nur durch Cinnamus überliefert sind.

Es fragt sich, ob dem Schweigen der übrigen Tradition
eine Bedeutung beizumessen ist. Nicetas, neben Cinnamus
die einzige byzantinische Quelle, die wir besitzen, weiss von
kleineren Reibereien und Thätlichkeiten zwischen der Nach-

---

[1] Cin. 76, 78, 79 u 85.
[2] Cin. 67.
[3] Cin. 61

hut des deutschen Heeres und den Griechen zu berichten,
die aber sogleich einmal durch die Dazwischenkunft des
Priesters Michael, das andere Mal durch den Führer der
griechischen Truppen, Prosuch, geschlichtet werden.[1] Sonst
vertrauen die Deutschen darauf, dass die Griechen den Vertrag halten werden, in dem sie sicheren Durchzug und Verproviantirung des Heeres versprechen. Von einem Konflikt
zwischen Manuel und Konrad ist keine Rede, ebenso wenig
von einer Schlacht in der Nähe von Konstantinopel.
Es ist nicht so leicht über des Nicetas Parteistellung
ein festes Urtheil zu gewinnen. Kugler[2] hat seine roman-
tische Begeisterung für die Kreuzfahrten betont; unvermittelt
hat er daneben Beispiele von jener „echt griechischen feindseligen Stimmung" gegen die Wallfahrer gestellt. Die Beispiele für die letztere Gesinnung liessen sich leicht vermehren.
Mit Recht hat Ilgen hervorgehoben,[3] dass des Nicetas Urtheil
über „Manuels italienische Politik unter dem Druck der Ereignisse geschrieben ist. die gegen Ende des XII. und Anfang
des XIII. Jahrhunderts über das griechische Reich herein-
brachen". Ihre Einwirkung lässt sich auch in seinem Urtheile
über des Kaisers Kreuzzugspolitik wahrnehmen, so: wenn er
das heimtückische Verfahren Manuels aus seiner Sorge für
die Provinzen seines Reiches motivirt,[4] wenn er die angeblichen Vergiftungen und Verräthereien der Griechen, die er
zwar selbst als unmoralisch bezeichnet, dennoch mit dem
Motiv entschuldigt, die Wallfahrer von einer erneuten Invasion
Griechenlands abzuschrecken. Oefter scheint es, als ob der
Schriftsteller seiner Quelle gegenüber den Kaiser in Schutz
nimmt, indem er zunächst sein Vorgehen gegen die Wallfahrer und später gegen Friedrich I. als eine Konsequenz
wohl berechneter Vertheidigungspolitik darstellt. So liesse
sich weder von der Tendenz der Quelle noch des Schriftstellers aus erklären, warum Nicetas in seinem sehr detaillirten

---

[1] I 5 p. 84—85.
[2] Studien 38.
[3] Markgraf Konrad von Montferrat. Marburg 1880 p. 5.
[4] I 5 p. 88—80.

Berichte die Thatsachen sollte verschwiegen haben, von denen
Cinnamus erzählt. Im Gegentheil hätten sie beiden, der Quelle
und dem Schriftsteller, nur einen willkommenen Stoff liefern
können. Dass aber Nicetas für den Durchzug durch Thracien
gute Nachrichten gehabt habe, gibt Kugler zu. Von dem
asiatischen Feldzug weiss er freilich nichts Zuverlässiges zu
berichten. Aus verwirrten Gerüchten und bunten Sagen
fabrizirt er sich einen Schlachtbericht. Aber für den Zug
bis Konstantinopel ist er durchweg glaubhaft und in vielen
Einzelheiten, abgesehen von rhetorischen Ausschmückungen,
mit Cinnamus und Odo von Deuil übereinstimmend.

Ebensowenig lässt sich das Schweigen Odos von Deuil[1]
aus seiner Tendenz oder aus mangelhafter Kenntniss erklären. Wenn Cinnamus und Nicetas übel auf die Deutschen
zu sprechen waren, so hatten die Franzosen einen fast noch
begreiflicheren Grund über sie zu klagen: da das deutsche
Heer ihnen vorangezogen, liess es ein ausgeplündertes Land
zurück und beraubte dieselben also der nothwendigen
Fourage.[2] Oft werden diese Klagen laut: den Franzosen,
sagt Odo,[3] hätten die bewaffneten Griechen weniger geschadet,
als die todten Deutschen. So weiss denn auch Odo mehr
von den Ausschreitungen und Unordnungen der Deutschen
zu erzählen, als der Griechen.[4] Zudem ist er ganz vorzüg-
lich unterrichtet, da er sich selbst in dem Heere befand, das
den Deutschen unmittelbar folgte. Und doch sagt er nichts
von einer Schlacht bei Konstantinopel, und von den Beziehungen Manuels zu Konrad weiss er nur, dass eine von
jenem vorgeschlagene Unterredung an Etikettenschwierig-
keiten scheiterte.

Das Schweigen Odos von Deuil und Nicetas' ist um so
auffallender, als beide von jenen Sagen stark beeinflusst sind,

---

1 Migne Patrolog. curs. Ser. lat. tom. 185 p. 1205—1246.
2 1215, 1216.
3 1218.
4 Die Verwüstungen in Philopation (Odo 1218) werden von den
griechischen Schriftstellern nicht bezeugt, obgleich Cinnamus 74 die
Ankunft Konrads in Philopation erwähnt.

welche den Untergang der Kreuzheere griechischer Tücke
und Verrätherei Schuld geben, während umgekehrt Cinnamus
nichts davon berichtet. Wäre es nicht befremdlich, dass jene
Sagen schaffende Phantasie den Zug durch Griechenland gänzlich unberührt gelassen, wenn ihr durch solche Kämpfe, wie
sie Cinnamus berichtet, die Gelegenheit zur Bewahrheitung
ihrer Tendenz gegeben wäre?

Andere Angaben widersprechen direkt der Auffassung
des Cinnamus.

Wilhelm von Tyrus [1] berichtet von einer freundschaft-
lichen Unterredung beider Könige mit Manuel. — Nach den
Annales Palidenses, [2] einer für die Geschichte des zweiten
Kreuzzuges im Allgemeinen durchaus zuverlässigen Quelle,
welche sich auf die Zeugnisse von Kreuzfahrern beruft, wird
König Konrad von Manuel in Konstantinopel mit reichen
Geschenken empfangen, die den Neid der Truppen erregen.
— Die Annales Herbipolenses, [3] eine Quelle, die sich zwar
auf Aussage von gefangenen und losgekauften Kreuzfahrern
beruft, die jedoch in hohem Grade von Sagen und Mährchen
getrübt ist, dichtet gar eine freundschaftliche Unterredung
zwischen Manuel und Konrad. — Die Annales Cassinenses [4]
und Romuald von Salerno [5] berichten von der guten Aufnahme
Konrads durch Manuel beim Empfange des deutschen Heeres
in Konstantinopel.

Von einigen z. Th. sehr beachtenswerthen Quellen hat
Kugler für unsere Frage gar keinen Gebrauch gemacht. Die
Chronik von Petershausen [6] erzählt, dass die Deutschen mit
allen Ehren vom König der Griechen empfangen worden seien.
Helmold [7] rühmt die reichlichen Lebensmittel, die ihnen die
Griechen verschafft. In Konstantinopel habe sich das Heer
einige Tage von seinen Strapazen erholt, dann habe der Kaiser

---

[1] XVI. 19 p. 757.
[2] M. S. XVI 82 u. f.
[3] M. S. XVI 4 u. f.
[4] M. S. XIX 310.
[5] M. S. XIX 424.
[6] M. S. XX 674.
[7] M. S. XXI 57.

Schiffe zur Ueberfahrt gestellt. — Sehr interessant ist ein Bericht Arnolds von Lübeck,[1] der eine sagenhafte Ausschmückung des wahren Herganges gibt. Bei Gelegenheit der Wallfahrt Heinrichs des Löwen erzählt er ausführlich von dem Etikettenstreit zwischen Manuel und Konrad. Der Griechenkönig, der hochmüthig genug sei, sich Kaiser zu nennen, habe verlangt, dass ihm Konrad, wie es das Hofceremoniell vorschreibe, die Kniee küsse. Als sich Konrad unter Berufung auf seine kaiserliche Würde dessen geweigert, habe Manuel zum wenigsten gefordert, dass er auf seinem Thron sitzend den Kuss Konrads empfange. Auch dazu habe Konrad sich nicht verstehen wollen. Schliesslich hätten sie sich dahin geeinigt, dass beide auf dem Pferde sitzend sich den Kuss reichten. — Eine Pisaner Notiz[2] über den zweiten Kreuzzug erzählt, Manuel habe die Deutschen wegen ihrer grossen Menge übersetzen lassen und ihnen Führer mitgegeben.

Die Uebereinstimmung einer Reihe von durchaus unabhängigen Quellen ist nicht ohne Bedeutung. Zwar sind ihre Angaben, soweit sie von einer Unterredung beider Fürsten handeln — wie Odo von Deuil und Cinnamus beweisen — als falsch zu verwerfen. aber sie zeigen doch, dass damals die vulgäre Ansicht nur von freundschaftlichen Beziehungen zwischen Konrad und Manuel wusste, und wie ein solcher Irrthum so allgemeine Verbreitung gefunden haben sollte, dafür lässt sich kein Grund einsehen.

Kuglers Bemühen aber, bei einigen dieser Quellen eine Uebereinstimmung mit Cinnamus herzustellen, beruht auf einem kritisch unhaltbaren Verfahren.

Cinnamus erzählt, Konrad habe zu seiner Ueberfahrt über den Bosporus das kaiserliche Staatsschiff und die Marine des Reiches gefordert. Manuel habe ihm diese verweigert. Er habe ihn aufgefordert zurückzukehren, woher er gekommen. Nicetas dagegen behauptet, Manuel habe Konrad gezwungen, über den Bosporus zu gehen, obgleich er sich anfangs dagegen sträubte und prahlte, es stehe bei ihm zu gehen oder

---

[1] M. S. XXI 122.
[2] Notae Pisanae. M. S. XIX 260.

zu bleiben. Diese Mittheilung soll sich nach Kugler[1] an den Bericht des Cinnamus „gut anschliessen". Einer unbefangenen Betrachtung wird der wesentliche und durchgehende Widerspruch der beiden Erzählungen auffallen. Trotzdem versucht sie Kugler zu vereinigen, und zwar in folgender Darstellung[2]: Die wahre Absicht des Kaisers war, Konrad möglichst bald zur Ueberfahrt über den Bosporus zu veranlassen. Um dies zu erreichen reizt er Conrad durch einen höhnenden Brief, er wollte „die Dinge möglichst rasch zu einer Krisis treiben." Als dann Konrad aufbrausend das kaiserliche Staatsschiff und die Marine zur Ueberfahrt fordert, hat Manuel — sollte man meinen — seinen Zweck erreicht, er wird den Deutschen die Schiffe bereitwillig zugestehen, um die unbequemen Gäste möglichst rasch los zu werden. Keineswegs! Er thut das gerade Gegentheil, „er benutzt diesen Anlass, um seine Uebermacht noch fühlbarer zu machen", verweigert Konrad die Schiffe und fordert ihn auf, nach Deutschland zurückzukehren. Der Brief, in dem er Konrad dies mittheilt, ist nun aber durchaus nicht ernst gemeint, er wollte nur den König einschüchtern; und in der That erfüllt dieser Manuels „sehnlichsten Wunsch", indem er die Ueberfahrt möglichst beschleunigte. — Es möchte schwer sein, ein anschaulicheres Beispiel zu finden für die Mittel, die passender Weise verwendet werden können, wenn es gilt zwei widersprechende Zeugnisse zu vereinigen.

Ebensowenig kann man die Stelle bei Wilhelm von Tyrus[3], nach welcher Konrad *cum paucis admodum et familiaribus principibus* von Manuel Abschied nimmt, in dem Sinne deuten, als sei sie „eine Erinnerung daran, dass Konrad, nachdem das deutsche Heer den Bosporus überschritten, und nachdem hierdurch der Hauptgrund des Zerwürfnisses mit den Griechen aus dem Wege geräumt, wiederum mit Manuel in bessere Beziehungen zu treten suchte[4]." Abgesehen davon, dass Kugler die Stelle falsch zu interpretiren scheint, so geht

---

[1] Analekten 66.
[2] Studien 125 u. f.
[3] l. XVI. c. 20 p. 758.
[4] Kugler Analekten 12.

Wilhelm von der dem Cinnamus durchaus entgegengesetzten
Grundanschauung aus, dass die Beziehungen zwischen Konrad
und Manuel freundschaftlich gewesen und geblieben seien,
aus welcher Anschauung sich die Einholung der Erlaubniss
zur Ueberfahrt natürlich ergibt. Wenn nun Kugler die
Grundanschauung Wilhelms verwirft, so muss er doch annehmen, dass jener schlecht unterrichtet sei, er müsste sonst
geradezu eine tendenziöse Entstellung, zu welcher aber kein
Motiv ersichtlich ist, voraussetzen. Dann aber kann er nicht
eine einzelne Thatsache aus einem angeblich falschen Zusammenhang verwerthen.

In ähnlicher Weise will Kugler den Bericht der Pöhlder
Annalen mit Cinnamus in Uebereinstimmung bringen [1]. Diese
berichten, Konrad habe in der Nähe von Konstantinopel mit
den Seinigen ein Lager aufgeschlagen und sei hier — doch
wohl in Konstantinopel, nicht, wie Kugler meint, im Lager
vor der Stadt — mit dem gesammten Heere von den Griechen
und ihrem König glänzend empfangen und ausserdem von
letzterem reichlich beschenkt worden. Er habe dem Kaiser
die Ursache seiner Ankunft dargelegt und ihn um Auskunft
gebeten. Cinnamus dagegen erzählt, Manuel habe nach dem
Unfall, der das deutsche Heer in Chörobacchi betroffen, eine
Kondolenzgesandschaft an Konrad geschickt und ihm eine
Unterredung vorgeschlagen. Der Plan aber sei an den hochmüthigen Forderungen Konrads gescheitert, und Manuel habe
diesen keiner weiteren Antwort gewürdigt. Darauf sei Konrad in der Richtung von Byzanz durch das Philopation um
die Stadt herum nach Pera gezogen. Es folgt ein Briefwechsel Konrads und Manuels, dann die Schlacht zwischen

---

[1] Analokten 67. — In den Studien 128 hatte Kugler den Widor-
spruch zwischen den Pöhlder Annalen und Cinnamus dadurch zu lösen versucht, dass er annahm, die ersteren hätten den ersten Aufenthalt Konrads in Konstantinopel mit dem zweiten verwechselt. Aber eine Verwechselung kann deswegen hier nicht vorliegen, weil der Bericht von
Details umgeben ist, die von den griechischen Quellen bestätigt werden:
Die Zählung des Heeres und der Rath, den sich Konrad betreffs des
Weges von Manuel erholt; es werden auch die folgenden Aufenthalte
in Konstantinopel streng geschieden.

Deutschen und Griechen. Lassen sich diese Thatsachen mit
einem Empfange Konrads durch Manuel vor dem Thore von
Konstantinopel oder in der Stadt vereinigen? Der Empfang
soll nach Kugler in der Sendung der Gesandschaft nach
Chörobacchi bestehen. Möglicherweise hätte Manuel bei
dieser Gelegenheit Gastgeschenke an Konrad geschickt. Auch
Cinnamus soll davon sprechen, dass Konrad vom Kaiser Gastgeschenke — *ἵππους δρομικοὺς μάλιστα* — erhalten habe. Ich
habe mich vergeblich bemüht, die Stelle zu finden, auf die
sich Kugler hier bezieht. Jedenfalls steht sie nicht in dem
Bericht über die Gesandschaft Manuels nach Chörobacchi und
über die folgenden Verhandlungen zwischen Manuel und Konrad.
Sollte sich nun etwa auch in einem andern Zusammenhange
die von Kugler erwähnte Angabe finden, so würde sie nichts
gegen meine Behauptung austragen, dass in dem Bericht der
Annales Palidenses eine von der Darstellung des Cinnamus
durchaus verschiedene Grundanschauung über das Verhältniss
Konrads zu Manuel ausgesprochen ist, und dass daher eine
Vereinigung, wie sie Kugler herzustellen sucht, unzulässig ist.

Aber allerdings gibt Cinnamus den ausführlichsten und
genauesten Bericht, er ist, wie Kugler richtig hervorhebt,
unberührt von den Kreuzzugssagen, er allein gibt Richtung
und Verlauf des Zuges der Deutschen durch Kleinasien genau
an; es finden sich bei ihm, wie ich hinzufüge, eine Menge
glaubhafter Details, z. B. die Namen der an Konrad geschickten Gesandten[1]. Er beschreibt am genauesten den
Weg des Heeres, er weiss die Namen der Präfekten der
Provinzen, weiss auch von diesen Personalien zu berichten[2].
Er schildert die Befestigung von Konstantinopel, kennt die
Namen der kaiserlichen Befehlshaber[3]. Aus all' diesem
ist zu schliessen, dass ihm gute und ausführliche Quellen zu
Gebote gestanden haben.

Das wird man einräumen müssen. Wenn aber Kugler
für seine Annahme die innere Folgerichtigkeit des Berichtes
anführt, möchte ich ihm widersprechen. Cinnamus schiebt

---

[1] 67, 72, 80.
[2] 70 vom Paläologen Michael.
[3] 72 u. 73.

die Schuld an den Vorgängen bei Adrianopel zunächst korrekt
der Habgier der Griechen zu. Gleich darauf sieht er in der
verdienten Rache, die Herzog Friedrich ausführt, den Anlass
des Krieges, und lässt den griechischen Gesandten Konrad
gegenüber klagen, dass die Deutschen den Vertrag gebrochen,
während doch der erste Vertragsbruch nach seiner eigenen
Darstellung von den Griechen ausging[1]. Wir wundern uns
ferner, dass Manuel, nachdem auf diese Weise der Krieg
eröffnet ist, eine Gesandtschaft schickt, um wegen des Un-
glücks von Chōrobacchi zu kondoliren[2]. Einmal scheint sich
Cinnamus in einen offenbaren Widerspruch zu verwickeln.
Nach der Schlacht bei Konstantinopel, nachdem soeben
Manuel in der hochmüthigsten Weise dem Könige die Schiffe
zum Transport des Heeres verweigert, ihm die Rückkehr
befohlen, ja nachdem er eine grosse Anzahl von Soldaten
durch Bestechung dem Könige abtrünnig gemacht, bittet ihn
dieser um Führer durch das Land[3]. Und nicht nur Konrad
gewinnt plötzlich Vertrauen zu dem, der ihm bisher mit
allen Mitteln geschadet, auch Manuel ändert seine Politik,
er bietet Konrad ein Bündniss an und gibt ihm Führer und
Auskunft über den Weg[4]. Kugler weiss diesen Wechsel
nicht zu erklären; um seine Schroffheit einigermassen zu
mildern, greift er zu einer gänzlich willkürlichen und un-
wahrscheinlichen Umdeutung des Cinnamus, indem er die
Bestechungen auf die Verhandlungen über den einzuschlagen-
den Weg folgen lässt.

Kugler meint, dass die „ungeheuerlichen Dinge" un-
gezwungen in den Rahmen der übrigen, sicher feststehenden
Ereignisse passen; wir finden vielmehr, dass des Cinnamus
Berichte über Schlachten bei Adrianopel und Konstantinopel
und die zwischen Kaiser und König gewechselten Briefe
gleichsam aus dem Rahmen der von Cinnamus selbst er-
zählten Thatsachen herausfallen. Cinnamus lügt, obgleich
er gute Materialien verwerthet; er hat aber Lüge und Wahr-

---

[1] 71.
[2] 74.
[3] 79—80.
[4] 81.

heit nicht geschickt genug zu verweben gewusst, als dass nicht
Widersprüche stehen geblieben wären, die es uns erleichtern,
sein Gewebe zu entwirren.

Noch ein Wort über des Cinnamus Tendenz, ehe wir
uns zu einer Darstellung der Beziehungen zwischen Konrad
und Manuel während des zweiten Kreuzzuges wenden. Wir
könnten uns darüber wundern, dass gerade die Deutschen
bei ihm so schlecht wegkommen, während er die Franzosen,
die doch, wie Odo selbst berichtet, sich manche Unordnungen
zu Schulden kommen liessen, mit Absichtlichkeit den Deutschen als den Barbaren gegenüberstellt. Offenbar war Cinnamus von der späteren Feindschaft zwischen Byzanz und
Deutschland und dem Bunde Ludwig VII. mit Byzanz gegen
Friedrich I. in seiner Tendenz beeinflusst. Sehr lebendig
ist bei ihm das Bewusstsein von der Rivalität der beiden
Kaiserreiche [1], von dem Unrecht, das Deutschland dem älteren
Anspruche von Byzanz zugefügt. Der Kreuzzug bot ihm
Gelegenheit, Deutschland in seiner Schwäche darzustellen,
König Konrad als „Sperling in der Hand seines Kaisers"
vorzuführen.

Als Manuel erfuhr, dass sich Konrad der ungarischen
Grenze nähere, schickte er ihm zwei Gesandte entgegen.
Demetrius Makrembolites und Alexander de Gravina. Diese
erbaten und erhielten von Konrad und den deutschen
Fürsten die eidliche Zusicherung, dass sie sich aller Feindseligkeiten auf griechischem Boden enthalten würden[2]. Dafür versprachen die Griechen gute Aufnahme. Und sie
hielten ihr Versprechen. Konrad selbst rühmt den ehren-
vollen Empfang, den ihm der Kaiser bereitet[3]. Vornehme
Griechen wurden dem Heere entgegengeschickt, die Präfekten
der Provinzen waren angewiesen, für Zufuhr von Lebens-

---

[1] V. 7 p. 218—220.
[2] Alles nach Cinnamus. Der Schwur wird gesichert durch die
Betrachtungen, die Cinnamus bei dieser Gelegenheit über das Lehns-
wesen anstellt.
[3] Wib. ep. 48 p. 126.

mitteln Sorge zu tragen. Dennoch waren bei der grossen
Masse und der Zuchtlosigkeit der deutschen Truppen Reibereien mit den Landbewohnern unvermeidlich, und trotzdem
Konrad alle Ausschreitungen streng bestrafte[1], kam es bei
Philippopel zu Thätlichkeiten, denen jedoch die Vermittelung
des Priesters Italicus Michael schnell ein Ziel setzte. Manuel
sah sich veranlasst, seinen Feldherrn Prosuch mit einer
Heeresabtheilung den Kreuzfahrern entgegenzuschicken, um
diese zu begleiten und die Ordnung des Zuges zu überwachen.
Eine neue Gelegenheit zur Vermittelung zwischen Deutschen
und Griechen ergab sich bald, als Herzog Friedrich von
Schwaben zur Strafe für den an einem Verwundeten be-
gangenen Mord ein Kloster in Adrianopel anzündete und
die Uebelthäter zum Tode verurtheilte. Es entspann sich
ein Handgemenge, das durch Prosuchs Dazwischenkunft
beendigt wurde[2].

Das Kreuzheer zog dann friedlich weiter[3]. Kaiser
Manuel hatte ihm einen Gesandten Andronicus entgegengeschickt, um Konrad zu bewegen bei Abydos nach Asien
überzusetzen. Offenbar wollte Manuel, der unterdessen seine
Hauptstadt wohl befestigt hatte, diese vor Ausschreitungen
der ungezügelten Massen bewahren. Dennoch beschloss Konrad nach Konstantinopel zu ziehen. Als dann in der Nähe
der Hauptstadt bei Chörobacchi das Heer durch eine
Ueberschwemmung grosse Verluste erlitt, schickte Manuel
eine Gesandtschaft an Konrad, die diesem sein Beileid be-
zeigte und ihn um eine Unterredung bat, welche indess
nicht zu Stande gekommen ist: die beiden Herrscher,
die durch enge verwandtschaftliche Bande verknüpft waren,
haben sich nicht gesehen. Jedenfalls konnte man sich
über Etikettenfragen nicht einigen; über die Einzelheiten
sind wir nicht mit voller Sicherheit unterrichtet. Es war
der alte Streit um den Vorrang, der hier von Neuem
zum Ausdruck kam, wenn er auch keineswegs eine schroffe
Form angenommen zu haben scheint. Einstimmig rühmen

---

[1] Nicetas I. 4 p. 83.

[2] Nach Nicetas I. 5 p. 85.

[3] Nicetas: πάλιν οὖν σταϑμοί τε ἦσαν εἰρηναῖοι καὶ παρασάγγαι φιλήσυχοι.

die deutschen Quellen die gute Aufnahme in Konstantinopel; der Griechenkaiser mag mit seinen Schützen nicht gespart haben[1]; der König besichtigte die Sehenswürdigkeiten der volkreichen Stadt und begab sich dann nach Pera, wo dem Heere Quartiere angewiesen waren. Nachdem dieses sich hier einige Tage Erholung gegönnt hatte, liess Konrad, dem Drängen Manuels nachgebend, sein Heer auf Schiffen, die der Kaiser zu diesem Zwecke stellte, übersetzen.

Nach Kleinasien schickte ihm Manuel Gesandte nach, welche ihm den Vorschlag eines Bündnisses gegen die Türken machten: Konrad solle Manuel einen Theil seiner Truppen überweisen, dafür wolle ihm der Kaiser eine viel grössere Anzahl zum Kriege gegen die Türken stellen[2]. Wahrscheinlich beabsichtigte Manuel durch diese Massregel einen Halt gegenüber den Franzosen zu gewinnen, die um diese Zeit hinter dem deutschen Heere in Konstantinopel einrückten, und denen er mit wohlbegründetem Misstrauen entgegensah.

Acusserlich hatte Manuel den König Ludwig mit der ausgesuchtesten Höflichkeit empfangen, auf das freundlichste hatte er seinen Gast begrüsst; aber der Grieche mochte wohl wissen, dass in dem Kriegsrath der Franzosen die Frage ernstlich diskutirt wurde, ob man nicht die gute Gelegenheit zu einer Eroberung von Byzanz benutzen wolle. Hätte Manuel damals eine Abtheilung der Deutschen in seinen Diensten gehabt, so hätten sich die Franzosen jedenfalls gescheut, gegen die Genossen der Kreuzfahrt zu kämpfen. Auch jetzt waren es religiöse Bedenken, die dem hitzigen Gottfried von Langres entgegengehalten wurden: die Absichten des Papstes, meinte man, seien nicht auf Konstantinopel, sondern auf Edessa und das hl. Grab gerichtet.

Manuel trat den Franzosen mit ganz andern Forderungen gegenüber, als den Deutschen; er verlangte von ihnen den Lehnseid für alle Eroberungen, die sie in Asien machen

---

[1] Annales Palidenses MS. XVI. 82.
[2] Cinnamus II. 16 p. 81. Es ist um so wenigor Ursache, an dieser Nachricht, wie es Giesebrecht 279 thut, zu zweifeln, als sie zu denjenigen gehört, die mit des Cinnamus tendenziösen Erfindungen in Widerspruch stehen.

würden, und trotz des Widerstrebens der französischen Grossen wusste er seine Absicht durchzusetzen. Während des Kreuzzuges bildete sich der Gegensatz zwischen den Griechen und Franzosen immer schroffer aus, und am Schlusse desselben, da König Konrad als Gast Manuels in Konstantinopel weilte, fahndete eine griechische Flotte auf König Ludwig, der im Begriffe stand, nach Frankreich zurückzukehren, und normännische Schiffe befreiten seine Gemahlin aus den Händen der Griechen [1].

Als Konrads erstes Unternehmen gegen Ikonium missglückt war, und der König in Ephesus krank darniederlag, erhielt er nach Weihnachten 1147 eine Einladung des Kaisers zu einem Besuche in Konstantinopel [2]. Er landete in Thracien. der Kaiser und die Kaiserin kamen ihm entgegen, geleiteten ihn nach Konstantinopel, wo er mit allen Ehren empfangen in sorgfältiger Pflege bald genas. . Hier wurde die Vermählung zwischen Konrads Bruder Herzog Heinrich von Oesterreich und Theodora, einer Nichte Kaiser Manuels, vollzogen [3]. Bis zum 7. März verweilte der König in der griechischen Hauptstadt. Wohl ausgerüstet mit Geld und Schiffen, die ihm sein Wirth zur Verfügung stellte, fuhr er dann nach Jerusalem, um dort an heiliger Stätte seine Andacht zu verrichten. Noch einmal versuchte er das Glück der Waffen in der Belagerung von Damaskus, aber Verrath und Zwiespalt unter den Kreuzfahrern bewirkten, dass auch dieses Unternehmen misslang. Am 8. September fuhr er auf griechischen Schiffen von Accon nach Griechenland zu einem neuen Besuch des Kaisers Manuel.

[1] Kugler Studien 209.

[2] Interessant ist es, wie Cinnamus hier auch in kleinen Zügen die Wahrheit fälscht. Er behauptet, Konrad habe dem Kaiser seine Absicht zur Rückkehr angezeigt und komponirt ein hochmüthiges Antwortschreiben Manuels. Aus dem Briefe Konrads, Wibald ep. 78 p. 153, wissen wir, dass Manuel Konrad auf das liebenswürdigste zum Besuche in Byzanz aufgefordert hat.

[3] Annales Palidenses M. S. XVI. 83. Cinnamus VI. 4 p. 261. Vergl. Kugler Studien 206. Anm. 5.

§. 2. DER VERTRAG VON THESSALONICH.

Die zwischen Konrad und dem griechischen Kaiserpaare seit dem Besuch in Byzanz begründete persönliche Freundschaft wurde jetzt in dem Vertrage von Thessalonich besiegelt.

Cinnamus[1] erzühlt, dass Kaiser Manuel bei dieser Gelegenheit an frühere Abmachungen erinnert habe, nach welchen Konrad sich verpflichtet, dem Kaiser Italien als Mitgift der Kaiserin Irene zurückzugeben. Konrad und Herzog Friedrich hätten dieselben zum zweiten Male eidlich bekräftigt. Kugler[2] schliesst hieraus, dass Manuel Ansprüche auf einen Theil Italiens gemacht habe, und glaubt, dass er in der That von König Konrad und Herzog Friedrich irgend eine Zusicherung der Art erhalten habe. Auch Giesebrecht[3] ist es nicht unwahrscheinlich, dass für den Fall eines günstigen Ausganges des Krieges, den die beiden Herrscher gegen die Normannen unternehmen wollten, die Zurückgabe früherer griechischer Besitzungen stipulirt worden sei.

Sehr verdüchtig ist des Cinnamus Angabe, dass Herzog Friedrich, der doch damals gar keine Anwartschaft auf den Thron hatte, den Eid mitbeschworen habe. Die Absicht des Byzantiners, den nachmaligen Kaiser, unter dessen Regierung Manuel Ansprüche auf italienische Besitzungen erhob, durch jenen Vertrag gebunden und demgemäss als treubrüchig darzustellen, liegt zu nahe.

Zunächst ist natürlich das Versprechen der Herausgabe von ganz Italien zu verwerfen. Aber wir könnten fragen, versteht denn auch Cinnamus unter 'Ιταλία ganz Italien? Wurde dieser Ausdruck in Byzanz damals etwa nur auf Unteritalien bezogen? Cinnamus[4] sagt von Bassavilla, dem Statthalter König Rogers, dass er die oberste Leitung von

---

[1] II. 19 p. 87.
[2] Studien 202.
[3] IV. 294.
[4] IV. 2 p. 136.

Italien gehabt; nach dem Tode Rogers musste er die Statt-
halterschaft Italiens aufgeben. In beiden Fällen meinte er
nur Unteritalien. Ducas schreibt an seinen Kaiser nach
Byzanz[1], er habe beinahe alle Städte Italiens erobert, ebenso
redet der Kaiser[2] von einer Unterwerfung ganz Italiens und
Siziliens, und doch beziehen sich diese Eroberungen nachweislich nur auf das normännische Unteritalien.

Man könnte eine Stütze dieser Meinung in dem Titel
des Normannenkönigs *Rogerius dei gratia Siciliae et Italiae
rex*[3] finden.

Aber wie liesse sich damit vereinigen, dass Cinnamus
Ancona einen Hafen Italiens nennt[4], dass er es als den
Stützpunkt für einen Krieg in Italien[5] bezeichnet, dass er
in Bezug auf die Agitationen Manuels in Venedig, Cremona,
Padua sagt, dieses habe der Kaiser in Italien gethan[6]? An
einer andern Stelle spricht er von der Befürchtung der Venetianer, dass die Griechen durch Eroberung Italiens ihnen be-
nachbart würden[7]. Wir müssen daran festhalten, dass Cinnamus unter 'Iταλία das ganze Italien begreift. Für den normannischen König lag es sehr nahe, seine italienischen Besitzungen unter dem kürzeren und wohl auch anspruchsvolleren
Namen Italien zusammen zu fassen. Die Bezeichnung Bassa-
villas, als Statthalter Italiens, übernahm Cinnamus aus seinem
offiziellen Titel. Wenn er aber von einer Eroberung
Italiens spricht, während es sich nur um Theile von
Unteritalien handelt, so ist dieses den tendenziösen Ueber-
treibungen zuzuzählen, an denen es ja auch sonst bei unserem
Schriftsteller nicht mangelt. In gleicher Weise lässt er seinen
Kaiser das ganze Italien beanspruchen, als das verlorene

---

[1] Cin. IV. 10 p. 158.
[2] Cin. IV. 15 p. 178.
[3] Ughelli Italia sacra VII. 982, 563, 266 und von Wilhelm 565,
von Friedrich II. 593.
[4] Cin. III. 6 p. 102.
[5] Cin. IV. 14 p. 170.
[6] Cin. V. 9 p. 231.
[7] Cin. III. 6 p. 102.

Erbe des römischen Reiches, das durch Verrath und Usur-
pation an die deutschen Barbaren gekommen ist [1].

Wie schon gesagt, — dass Konrad eine so weitgehende
Forderung erfüllt habe, ist ohne Weiteres abzuweisen. Vielleicht aber beruht die Nachricht, Konrad habe Italien abgetreten, auf Uebertreibung einer wahren Thatsache. Da
wäre natürlich an Unteritalien oder auch nur unteritalienische
Besitzungen zu denken. Aber ein derartiger Verzicht scheint
mir durch eine Stelle in einem Briefe Konrads an die Kaiserin
Irene ausgeschlossen [2], in welchem Konrad den Siculus tyrannus als einen *invasor imperii nostri* bezeichnet. Wenn
also diese Deutung nicht zulässig ist, so wird es sich doch
vielleicht lohnen auf die Worte des gut unterrichteten Schriftstellers genauer einzugehen. Cinnamus sagt in Bezug auf
die angebliche Mitgift der Kaiserin Irene, Manuel habe Konrad τῶν πάλαι προομολογηθέντων erinnert [3]. Kugler [4] möchte
dieses πάλαι, das an und für sich die nächste und fernste
Vergangenheit andeuten kann, auf den früheren Aufenthalt
Konrads in Byzanz beziehen; aber wenn von einer Mitgift die Rede
ist, so wird man doch zunächst geneigt sein, eine Vereinbarung
vor, nicht nach der Hochzeit anzunehmen, und auf diese Zeit ist
zweifellos der Ausdruck πάλαι zu beziehen. Vor der Hochzeit der Irene haben nun allerdings Verhandlungen zwischen
Byzanz und Deutschland stattgefunden. Damals spielte sich
jene Scene zwischen Konrad und dem Gesandten Kaiser
Manuels ab, die ich oben [5] berührt habe. Sollte damals der
Zorn des Königs noch durch andere Ursachen bedingt gewesen sein, als durch die Weigerung kaiserlicher Ehren?
Haben damals vielleicht die griechischen Gesandten im Namen
des Kaisers auf Italien als Mitgift für Irene Anspruch erhoben, haben sie den Anspruch vielleicht mit dem alten
kaiserlichen Recht auf Italien begründet? Auf des Cinnamus
alleinige Autorität hin wage ich dieser Vermuthung keinen

---

1 Cin. V. 7 p. 219.
2 Wib. ep. 243 p. 365.
3 Cin. II. 19 p. 87.
4 Studien 207.
5 p. 13 und 14.

Raum zu geben. Sollte sie aber dennoch richtig sein, so wird die Behauptung des Cinnamus, dass Konrad auf die byzantinischen Forderungen eingegangen sei, durch einen Blick auf den Brief hinfällig, den Konrad vor der Vermählung an Manuel richtete [1]. Er enthält eine schroffe Abweisung der unberechtigten byzantinischen Zumuthungen. Daher konnte sich Manuel keinenfalls auf Versprechungen berufen, die Konrad bei Gelegenheit der Vermählung der Bertha von Sulzbach gemacht habe. So ist also auf die Nachricht des Cinnamus, dass in Thessalonich über einen aus der Mitgift der Kaiserin Irene hergeleiteten Anspruch verhandelt worden sei, kein Werth zu legen.

Man könnte nun noch die Nachricht des Cinnamus in dem Sinne auffassen, dass er aus der Abtretung irgendwelcher italienischer Besitzungen die Abtretung ganz Italiens gemacht hätte. Doch halte ich auch eine derartige Auslegung nicht für zulässig: der Schwur Friedrichs und die Beziehung auf die Mitgift der Irene, d. h. die verdächtige Umgebung, aus welcher man die Angabe, wie immer man sie umdeuten mag, nun einmal nicht loslösen kann, scheint mir doch eine unbedingte Verwerfung derselben zu gebieten. Sie wird nicht an Glaubwürdigkeit gewinnen, wenn wir die damalige bedrängte Lage von Byzanz und das spätere Verhältniss Konrads zu Manuel ins Auge fassen. Manuel brauchte viel mehr Konrads Beistand, als Konrad den Manuels. Dass Manuel die momentan von ihm abhängige Lage des deutschen Königs in kurzsichtiger Weise zur Erpressung von Versprechungen benutzt habe, ist gar nicht denkbar bei dem wahrhaft freundschaftlichen Tone, der sich in den späteren Briefen Konrads an Manuel im Unterschied von denjenigen vor dem Kreuzzuge findet.

Wenn später von Byzanz Ansprüche auf italienisches Gebiet erhoben wurden, so darf darum nicht mit Kugler [2] auf eine Begründung derselben aus Versprechungen Konrads geschlossen werden. Vielmehr scheint Cinnamus die Versprechungen Konrads erfunden zu haben, um aus ihnen die Ansprüche Manuels gegenüber Friedrich I. ableiten zu können.

---

[1] Siehe oben p. 14. Der Brief steht bei Otto Fris. Gesta I. 23. p. 36.
[2] Studien 207.

Ueber den Inhalt des Vertrags von Thessalonich lässt sich nur folgendes feststellen. Das alte Schutz- und Trutzbündniss zwischen Konrad und Manuel wurde erneuert und zwar so, dass beide Parteien thätigen Antheil am Kriege gegen Roger gelobten; nur Krankheit oder die Gefahr, die Herrschaft zu verlieren, sollte von der Leistung der Bundespflicht entbinden. Ueber die Vermählung von Konrads Sohn und muthmasslichen Nachfolger mit einer griechischen Prinzessin wurden Verhandlungen eingeleitet [1].

§. 3. KONRAD III. ALS VERBÜNDETER MANUELS.

Als Konrad im Frühjahre 1149 seinen kaiserlichen Freund verliess, traf er alle Anstalten, um das diesem gegebene Versprechen zu erfüllen. Herzog Friedrich war schon vorher nach Deutschland geeilt, wo er nun die deutschen Contingente aufbot [2]. Griechische Gesandte, die wahrscheinlich Konrad begleiteten, wurden nach Pisa geschickt, die mächtige Stadt zur Bundeshilfe gegen Roger aufzufordern [3]. Fürst Robert von Capua, der an Konrads Kreuzzuge Theil genommen hatte, ging mit griechischen Gesandten [4] oder einer griechischen Heeresabtheilung nach Venedig. Da erfuhr Konrad, dass Herzog Welf, der schon von Syrien aus die Rückreise angetreten hatte, unterwegs einen Bund mit Roger von Sizilien geschlossen habe und jetzt die Sicherheit des jungen Königs und den Frieden des Reichs bedrohe. Er eilte nach Deutschland, wo ihn innere Fehden für die nächste Zeit dermassen in Anspruch nahmen, dass er nicht an die Ausführung seiner italienischen Pläne denken konnte.

Sybel hat in seinem Aufsatze über den zweiten Kreuzzug [5] sehr anschaulich gezeigt, wie hier im Gegensatz zum ersten und dritten Kreuzzug die religiöse Idee mit den politischen Tendenzen der europäischen Staaten in Widerspruch

---

[1] Wibald ep. 243 p. 365.
[2] Otto Fris. Gesta I. 59.
[3] Wibald ep. 344 p. 477.
[4] Wibald ep. 147 p. 229.
[5] Schmidts Zeitschrift IV. 213 u. f

trat. Wir werden beim zweiten Kreuzzug anzusetzen haben,
wenn wir die Ausbildung des europäischen Staatensystems in
seinen Anfängen verfolgen, sofern dieses durch ein Gefühl der
Verantwortlichkeit aller europäischen Mächte für die Thaten
der einzelnen bedingt ist und in ihrem bewussten Zusammen-
wirken zu gemeinsamen oder besonderen Zwecken sich äussert.
Im 11. Jahrhundert hatte die Vorherrschaft des deutschen
Reiches die Selbständigkeit der übrigen Staaten beeinträchtigt;
dann folgte die kurze Blüthe der Hierarchie; im ersten Kreuzzuge liess die religiöse Idee nationale Gegensätze und politische
Rivalitäten nicht aufkommen. Nach dem zweiten Kreuzzuge
sehen wir die europäischen Staaten in zwei grosse Lager geschieden [1]; auf der einen Seite die Normannen, die Welfen
und Frankreich, auf der andern Seite Byzanz und Deutschland. Der Kampf wird geführt zwischen Normannen und
Griechen bei den jonischen Inseln, zwischen Welfen und
Staufen in Deutschland. Als Frankreich sich mit den Normannen gegen Byzanz zu verbünden drohte, war zum ersten
Mal ein Krieg in Aussicht, den man einen europäischen
nennen möchte. In dem Kampfe sodann, der zwischen
Friedrich I. und Rom neu entbrennt, sehen wir fast alle
europäischen Mächte: England und Frankreich, Byzanz und
die Normannen, Ungarn und die italienischen Seestädte Venedig,
Genua und Pisa betheiligt.

Unsere Darstellung wird daher auch die übrigen Mächte
in Betracht ziehen müssen, soweit sie für die Beziehungen
von Byzanz und Deutschland wichtig werden.

Merkwürdig ist es, dass damals ein deutscher König
sich in Byzanz den Kaiserstolz und die Kraft zu einem An-
lauf in energischer Politik holen musste. Konrad war, wie
Wibald sich ausdrückte [2], angesteckt von dem Hochmuthe
und der Unbotmässigkeit der Griechen; er war ein strenger
Richter und ein fleissiger Arbeiter geworden [3], er hatte sich
von dem Einfluss seiner geistlichen Berather zu emanzipiren
versucht, als diese den Kampf gegen die Welfen schürten.

---

[1] Vergl. Sybel Vorträge aus der Geschichte der Kreuzzüge 57.
[2] Wib. ep. 252 p. 377.
[3] Wib. ep. 195 p. 314.

Und sofort fasste die Kurie Verdacht[1], dass die im Investiturstreit verbündeten Gegner sich von Neuem gegen Rom wenden würden — ein Beweis, dass der Gegensatz zwischen
imperium und sacerdotium durch das Wormser Konkordat
keineswegs ausgeglichen, sondern bloss verschleiert, dass die
Entscheidung vertagt war. Doch nur einen Augenblick tauchte
in den Kreisen der Kurie dieser Verdacht auf. Papst und
König sind in gutem Glauben bemüht, ihre freundschaftlichen Beziehungen zu bewahren. Eugen III. hielt sich den
Anerbietungen der Normannen gegenüber reservirt. Er hatte
zwar in der Bedrängniss ein Hilfscorps, das ihm Roger
schickte, gegen die Römer gebraucht, aber ausdrücklich berichten die besten italienischen Quellen[2], dass er trotz vieler
Gesandschaften und Bitten nicht erreichen konnte, dass der
zwischen beiden geschlossene Waffenstillstand in einen Frieden
verwandelt wurde, noch viel weniger, dass das Lehnsverhält-
niss zum römischen Stuhl erneuert wurde, welches Konrads
Ansprüche verletzt hätte. Aber schon beginnen die Vorposten
und Verbündeten jener Weltmächte den Kampf, während die
Häupter noch Frieden hatten. Schon drängen römische
Nobili, wohl auch eine Partei der Kardinäle, den Papst zum
Bunde mit Roger[3]; gleichzeitig senden die aufständischen
Römer Gesandte über Gesandte an Konrad[4], um diesen zu
veranlassen für das römische Volk gegen den Papst einzutreten. An dem Hofe Konrads fühlt sich eine Partei von
Klerikern beeinträchtigt, weil ihr ausschliesslicher Einfluss
auf den König durch Rathgeber bedroht ist, die nicht aus
ihren Reihen sind; sie schöpft Verdacht auf eine prinzipielle
Wendung ·des Königs gegen Rom[5]. So sehen wir überall
unklare Verhältnisse, unsichere Zustände. Ein Ereigniss, wie

---

[1] Wib. ep. 198 p. 316.
[2] Romuald v. Salerno MS. XIX. 425. Historia pontificalis
MS. XX. 539. gegen Prutz Friedrich I. 17 und Mann Wibald v·
Stabelo 50.
[3] Wib. ep. 147 p. 228.
[4] Wib. ep. 147 p. 228, ep. 214 p. 332, ep. 215 p. 334, ep. 216
p. 335.
[5] Wib. ep. 202 p. 320, ep. 223 p. 342.

ein neuer Kreuzzug oder Konrads Römerzug, hätte sie klären
müssen; aber offenbar haben weder Papst noch König rechten
Muth, dieser Entscheidung entgegenzugehen. Fest und klar
blieb neben der normännisch-griechischen Feindschaft fast
allein das deutsch-griechische Bündniss.

In den Briefen, die Konrad nach dem Kreuzzuge an
Manuel und die Kaiserin schickte, bemerken wir eine wesentliche Veränderung in Ton und Stil gegenüber denjenigen, die
vor dem Kreuzzuge zwischen Konrad und Kaiser Johannes und
Manuel gewechselt wurden : statt der phrasenhaften Prahlerei,
in der sich damals die beiden Herrscher zu überbieten strebten,
finden wir hier' den Ton warmer, vertrauender Freundschaft.

Nachdem der junge König Heinrich den Grafen Welf
bei Flochberg besiegt [1], schickte Konrad einen eilenden Boten
nach Byzanz [2]: er entschuldigte sich, dass er sein Versprechen
bisher nicht eingelöst, innere Kriege und eine sechsmonatliche
Krankheit hätten ihn an dem Zuge nach Italien verhindert.
Am ersten Mai wollte er einen grossen Reichstag in Merseburg halten, und dann eine Gesandschaft nach Byzanz schicken,
die dem Kaiser jeden Zweifel über die Erfüllung seiner Versprechungen nehmen werde [3]. Wahrscheinlich ist jener Reichstag in Merseburg gar nicht gehalten worden [4]; jedenfalls hat
er den Zweck nicht erreicht, den Konrad im Auge hatte, als
er an Manuel schrieb. Denn schon vorher bekam er von
neuen Kreuzzugsprojekten Kunde, die in Frankreich angeregt
wurden [5]. Er wusste, dass diesmal ein gemeinschaftlicher
Angriff der Franzosen und Normannen auf Byzanz geplant
wurde. Man hatte sich bemüht Konrad in das Bündniss zu
ziehen, — Bernhard von Clairvaux und Theodwin, Cardinalbischof

---

[1] am 8. Februar 1150.
[2] Wibald ep. 237 p. 355.
[3] Mit diesen Boten wurden wohl auch Wibalds ep. 244 p. 366
und 245 p. 367 abgeschickt. Siehe Giesebrecht 489. Die Versöhnung
mit Welf erfolgte nach Wib. ep. 234 p. 353 in der Fastenzeit; ep. 243
p. 363, mit welcher Jaffé diese Briefe verbindet, kann erst nach Ostern
geschrieben sein (s. p. 364 usque ad pascha Domini).
[4] Giesebrecht 334 u. 489.
[5] Wibald ep. 243 p. 365. Giesebrecht 339.

von S. Rufina, hatten ihm in diesem Sinne geschrieben[1], — aber der König hielt treu zu seinem Verbündeten; er hoffte ihm besser zu dienen, wenn er in Deutschland blieb, und war entschlossen, im Falle eines Krieges mit seiner Person und mit seiner gesammten Macht für Byzanz einzutreten[2].

Er schrieb an die Kaiserin Jrene, der Bund solle neu gefestigt werden durch die schon in Byzanz geplante Vermählung[3] des jungen Königs Heinrich mit einer griechischen Prinzessin. Zu diesem Zwecke war Alexander de Gravina, der sich damals in Geschäften des Kaisers Manuel in Venedig aufhielt, nach Deutschland berufen worden. Er wurde jetzt mit der deutschen Gesandschaft nach Byzanz geschickt, um dort das Nähere über die Heirath zu verhandeln[4]. Unsere Feinde, so schloss Konrad seinen Brief, sollen wissen, dass das Band unserer Freundschaft unlöslich ist.

So drohte also jetzt der zwischen den europäischen Mächten bestehende Gegensatz in einen offenen Krieg zu entbrennen. Der Papst war in einer eigenthümlichen Stellung zwischen den Parteien, er war in Freundschaft mit Frankreich[5] und Deutschland, in Waffenstillstand mit den Normannen. Jetzt, da er sich entscheiden sollte, zögerte er seinen Konsens zum Kreuzzuge zu geben[6]. Als er ihn endlich widerwillig gab, war in Frankreich der Rausch der Begeisterung verflogen.

Die projektirte Vermählung zwischen König Heinrich

---

[1] Wib. ep. 252 p. 376.
[2] Wib. ep. 243 p. 365. Der Brief ist nach dem 16. April abgeschickt.
[3] Vergl. p. 36 Anm. 1.
[4] Alexanders Gesandschaft wird wohl zwischen dem 16. und 20. April abgegangen sein; am 20. verlässt nämlich Wibald den Hof Konrads (ep. 251 p. 374) und so ist doch wohl anzunehmen, dass er den Brief an den Kaiser (ep. 246 p. 368) während seiner Anwesenheit am Hofe geschrieben habe. Die Gesandschaft war Aug.—Sept. 1150 noch nicht nach Deutschland zurückgekehrt. Vergl. ep. 279 p. 407.
[5] ep. Sugerii 143 flg. Duchesne IV.
[6] bis zum 19. Juni ep. Eugenii III. Bouquet XV. 457 u. 458; vergl. Giesebrecht 338—339.

und einer griechischen Prinzessin ist unterblieben, da der
junge Fürst noch in demselben Jahre starb [1].

Auch nachdem in Frankreich die Kreuzzugspläne aufgegeben waren, konnte Konrad seine italienische Expedition
nicht ausführen, obgleich er jetzt auch von Seiten der Kurie
dazu aufgefordert wurde [2]. Wieder hielten ihn innere Fehden
zurück, namentlich machte ihm der Aufstand Heinrichs des
Löwen zu schaffen. Im Frühjahre 1151 ging eine byzantinische Gesandschaft nach Deutschland [3], wohl um zum Aufbruch zu drängen. Und endlich schienen sich doch die
italienischen Projekte zu verwirklichen. Nach Oktober 1151 [4]
stellte eine deutsche Gesandschaft in Konstantinopel den
Römerzug in bestimmte und nahe Aussicht. Träger derselben
war Albert von Meissen [5], der zugleich für König Konrad
um eine griechische Prinzessin werben sollte; Konrad selbst
trat so zu sagen in die Stelle seines verstorbenen Sohnes. Aber
der Plan scheiterte in gleicher Weise: noch in demselben Winter
starb Konrad [6], bevor er den Zug nach Italien angetreten.

Wenn er in dem byzantinischen Bündniss vielleicht eine
Stütze erblickt hatte gegenüber allzu weitgehenden Prätensionen
der Kurie, — der grössere Vortheil war auf Seiten Manuels;
denn obgleich Konrad sein Versprechen nicht eingelöst hat,
so hatte Byzanz es doch seiner Bundestreue zu danken, wenn
es nicht den Kampf gegen Normannen und Franzosen zugleich
aufzunehmen brauchte.

§. 4. ERÖFFNUNG DER VERHANDLUNGEN MANUELS MIT
FRIEDRICH I.

Als König Konrad seinen Neffen Friedrich zum Nachfolger designirte, mochte dieser Schritt Manchem als eine
Absage seiner bisherigen Politik erscheinen.

---

[1] An welchem Tage König Heinrich starb, lässt sich nicht feststellen; vergl. Giesebrecht 345 u. 491.
[2] Wibald ep. 273 p. 401.
[3] Wib. ep. 325 p. 454.
[4] Mediante praeterito mense Septembre quosdam principes imperii sui evocavit. Wibald ep. 343 p. 478 u. ep. 411 p. 550.
[5] Annales Palidenses MS. XVI. 86. Albert starb 1152 im Ostreiche.
[6] Februar 1152.

Kurz vor seinem Tode stand der König in Fehde mit
Heinrich dem Löwen; die klerikale Partei, welche mit den
weltlichen Fürsten, den laici [1], um den Einfluss auf des Königs
Person gerungen hatte, war jetzt in der Uebermacht [2]. Sehr
wahrscheinlich ist, dass auch Herzog Friedrich [3], durch ver-
wandschaftliche Bande mit den Welfen verknüpft, den geistlichen Rathgebern Konrads entgegengearbeitat hat. Als nun
Konrad seinem Nachfolger die Aufrechthaltung des Bündnisses mit Byzanz zur Pflicht machte, konnte man meinen,
dass er ihm hier einen Halt geben wollte in einem bevor-
stehenden Konflikt mit der Kurie.

Wir sahen, wie schon unter Konrads Regierung die
politische Konstellation auf eine schärfere Ausbildung des
Gegensatzes zwischen Rom und Deutschland zu drängen
schien, wie der Konflikt nur durch Eugens und Konrads
Nachgiebigkeit und vorsichtige Zurückhaltung aufgehalten
worden war. Jetzt, da der junge König gesonnen war, allen
unberechtigten Ansprüchen Roms energischer entgegen zu
treten, — was wäre natürlicher gewesen, als eine engere
Verbindung mit Byzanz? Neben das gemeinsame Interesse
der Niederwerfung der Normannen trat jetzt der gemeinsame
Gegensatz gegen Rom. Sollten sich die Parteigenossen aus
der Zeit der Frankenkaiser wiederfinden? Doch die diplomatischen Beziehungen zwischen Deutschland und Byzanz
ruhten über ein Jahr lang, und nicht Friedrich war derjenige,
der den ersten Schritt zur Annäherung that.

Die erste Erwähnung aber, die das Verhältniss Deutschlands zu Byzanz erfährt, ist nicht geeignet, dieses als sehr
freundschaftlich erscheinen zu lassen. In der Konstanzer Abkunft [4] zwischen Friedrich und Papst Eugen vom März 1153

---

[1] Gegensatz der Laien zu den Klerikern z. B. Wib. ep. 202 p. 321
und 322, ep. 208 p. 325, ep. 205 p. 325; — ich hoffe den nüheren Nach-
weis der 'hier vorausgesetzten Parteiverbältnisse bei Gelegenheit erbringen zu können.

[2] ep. 320 p. 449, ep. 323 p. 451 u. 452, ep. 335 p. 466, ep. 340
p. 469, ep. 343 p. 475, ep. 344 p. 477.

[3] Wib. ep. 147 p. 228 Mon. boica XXIX. p. 344.

[4] Wib. ep. 407 p. 546.

verpflichteten sich die Kontrahenten, den Griechen kein Stück
italienischen Bodens zuzugestehen; — für den Fall, dass
dieselben in Italien einfallen sollten, versprachen sie nach
Kräften für ihre Austreibung zu sorgen. Was hatte diese
Bestimmung veranlasst? Wodurch war die Befürchtung begründet, dass die Griechen sich auf italienischem Boden fest-
setzen würden?

Byzanz hatte die Gefahr überwunden, die ihm aus dem
Angriff der Normannen erwachsen war. Auch die Gerüchte
von einem französisch-normännischen Bündniss waren ver-
stummt. Corcyra, wo sich zuletzt die Normannen tapfer gehalten, war nach langer Belagerung gefallen [1]. Und gleich
darauf, berichten übereinstimmend die byzantinischen Historiker,
beabsichtigte Manuel zur Offensive zu schreiten, die Normannen in ihren Landen anzugreifen, Italien und Sizilien
in die geziemende Botmässigkeit zurückzuführen [2].

Dieses Unternehmen war aber nur ein Glied in dem
umfassenden Eroberungsplan des griechischen Kaisers: jetzt
zuerst tritt Manuel aus seiner Defensive heraus, jetzt zuerst
nimmt er den Anspruch wieder auf, den sein Vater in einem
Briefe an den Papst, er selbst in seinem ersten Briefe an
Konrad ausgesprochen hatte, den Anspruch auf die römische
Weltherrschaft.

Dabei werden wir den Kriegshelden Manuel zu allen
Künsten und Listen eines verschlagenen Intriguenspieles fähig
finden. Sein Bestreben ist überall darauf gerichtet, die
zwischen seinen Feinden bestehenden Gegensätze auszubeuten
und wo möglich zu verschärfen, in Feindesland sucht er
sich eine Partei zu werben, die ihm seine Wege ebnet [3].

---

[1] Die Zeit der Belagerung von Corcyra macht Jungfer Untersuchung der Nachrichten über Friedrichs I. griechische und normannische Politik bis zum Wormser Reichstage. Berlin 1874. p. 18
viel Schwierigkeit, obgleich sie doch schon von Kugler Studien p. 217
auf das Frühjahr 1149 fixirt ist. S. Muralt Essai de chronographie
Byz. I. 159.
[2] Cinnamus III. 4 p. 96, III. 5 p. 101. — Nicetas II. 6 p. 118.
[3] Beispiele werden sich in der Darstellung ergeben. Siehe
die Charakteristik von Manuels Politik bei Nicetas VII. 1 p. 260. Die
orientalischen Völker, sagt Nicetas, habe Manuel durch Gold und durch

und sein mächtiger Bundesgenosse ist das byzantinische
Gold [1].

An unzähligen Stellen werden in abendländischen Quellen [2]
die reichen Geschenke der Griechen gerühmt, man könnte
fast behaupten, dass die Griechen mehr um ihres Geldes
als um ihrer selbst willen Beachtung finden, und die Byzantiner klagen darüber, dass ihr Kaiser die Schätze des Landes
an die Abendländer verschwende [3].

ANGRIFF MANUELS AUF ANCONA.

Manuel schickte eine Flotte nach Ancona, um von dort
aus den Krieg gegen Roger zu führen [4]. Cinnamus bringt

Gewalt der Waffen im Zaume zu halten gewusst, die occidentalen Völker
aber habe er gefürchtet, denn er habe ihre Ueberlegenheit erkannt
in Kriegstüchtigkeit und Reichthum, desshalb habe er überall gestrebt,
sich unter ihnen Bundesgenossen zu erwerben, und die unterworfenen
Völker im Kampfe gegen ihre Unterdrücker unterstützt. Dass übrigens
das byzantinische Geld auch den Abendländern imponirte, beweisen
die Quellen. S. die folgenden Anmerkungen. Die Intriguenpolitik als
System Manuels ist offen ausgesprochen: Eustathius 17 p. 199; Nicetas
III. 5 p. 154.

[1] Cin. IV. 14 p. 170 V. 9 p. 228 σὺν χρήμασιν, 229 βασιλεὺς χρή-
μασί τε καὶ μηχαναῖς. S. die Stellen der folg. Anmerk. z. B. Gesta 156
u. 190. Nic. II. 7 p. 124, 125, 127.

[2] Ich habe einmal die Stellen zu sammeln angefangen, wo von
den Schätzen der Griechen die Rede ist, und habe bei einer vorläufigen
Durchsicht der Gesta Friderici allein 10 Belege gefunden (S. 4: infinitam pecuniam spoponderunt; — dann auch S. 4 Graeci cum copiosa
pecunia. S. 130 quem Opicius propter pecuniae exactionem ceperat.
S. 143 munera non parva deferentes. S. 156 sicque indigenos auro
corrumpendo. S. 168 cum muneribus. S. 169 magnifice eundem puerum
visitaverat largitionum muneribus. S. 190 specie quidem, quo adversus
Wilhelmum Siculum largitione pecuniae milites colligerent. S. 191
acceptis ab eis magnificis muneribus. S. 342 praeter quod magnifice
donati sunt. Ich erinnere noch an den Bericht der Palidenses über
den Aufenthalt der Deutschen in Byzanz vergl. p. 22. Ferner Wibald
ep. 147 p. 229 etc. — Wilh. v. Tyrus l. XX. c. 23—24 p. 981, 982,
985. Manuel longe opulentior ceteris regibus occidentalibus. — Benjamin
v. Tudela 54.

[3] Nicetas II. 7 p. 124— 127. VII. 2 p. 266.

[4] Cinnamus III. 6 p. 102. Diesen Angriff muss auch Ragewin
III. 20 im Auge haben: er sagt (z. J. 1158) die Griechen hätten die

dieses Unternehmen mit des Kaisers Plan einer Wiedereroberung Italiens und Siziliens in Zusammenhang. Trotzdem wären wir vielleicht nicht berechtigt, in der Besetzung Anconas mehr zu erblicken, als die Wahl eines geeigneten Stützpunktes für den normännischen Krieg, den ja Manuel mit Friedrichs Vorgänger gemeinsam unternehmen wollte, wenn uns nicht die gleichzeitige Schwenkung der venetianischen Politik zu denken gäbe.

Venedig hatte einen bedeutenden Antheil an den Beziehungen zwischen Deutschland und Byzanz gehabt. Oft hatte es zwischen beiden Staaten vermittelt und mit ihnen gegen die Normannen gestritten. Gegen Robert Guiskard hatten Griechen und Deutsche mit Venedig einen Bund geschlossen [1]. In bedrängter Zeit, als der Normannen Angriff den Bestand des griechischen Reiches zu erschüttern drohte, hatte die energische Hülfe der venetianischen Seemacht Byzanz gerettet. Der Lohn war jenes Chrysobullion [2] gewesen, welches den Grund zu der Macht Venedigs legte, indem es den venetianischen Kaufleuten Befreiung von allen Gefällen im byzantinischen Reiche gewährte, die Herrschaft in Dalmatien und Kroatien und Schutz gegen Ungarn versprach.

Als Byzanz während der Regierung Lothars III. seinen Bund mit Deutschland erneuerte, erschienen mit den Griechen auch venetianische Gesandte vor dem Kaiser [3] und erhoben gemeinschaftlich Klage gegen die Normannen. Der Doge Petrus Polanus ist Vermittler des Vertrages zwischen Konrad III. und Kaiser Johannes [4]. Während des zweiten Kreuzzuges hatte Byzanz die Hülfe Venedigs mit neuen Privilegien erkauft [5]. Unmittelbar nach dem Kreuzzuge finden wir eine

---

Küstenlandschaft von Ancona schon öfters zu erobern versucht. Zwischen 1151—1152 und 1158 ist nur ein Versuch 1155—1156 gemacht (Otto Fris. II. 29). — Dieser erste Angriff auf Ancona ist weder von Prutz noch von Jungfer berücksichtigt. Die einzige Erwähnung, die ich gefunden habe, ist bei Heyd Geschichte des Levantehandels I. 235.

[1] Giesebrecht III. 342 u. f. — Stumpf R. 2924.

[2] Tafel und Thomas Urkunden zur Handelsgeschichte Venedigs I. 51 in Fontes rerum Austriacarum 2. Abtheilung XII.

[3] Giesebrecht IV. 106.

[4] Otto Fris. Gesta I. 24 p. 40.

[5] Tafel und Thomas a. a. O. 107, 109, 113.

griechische Gesandschaft in Venedig [1], während Alexander de
Gravina, der getreue Sendbote beider Kaiserreiche, im Jahre
1150 in Geschäften Konrads in Venedig weilt [2].

Hatte demnach Venedig den Byzantinern zweimal im
Kriege gegen die Normannen wichtige Dienste geleistet, so
war Byzanz den Venetianern eine Stütze gewesen in dem
Kampfe, den sie mit Ungarn um den Besitz von·Dalmatien
und Kroatien schon seit mehr als 50 Jahren führten. Ende
des 10. Jahrhunderts soll der griechische Kaiser den Vene-
tianern die Herrschaft über Dalmatien übertragen haben [3].
Unter Alexius' Regierung im Jahre 1090 nannte sich der
Doge mit Zustimmung des Kaisers Herzog von Dalmatien [4].
Als dann der Ungarnkönig [5] die wichtigsten Städte Dalmatiens,
Spalato, Trau und Zara eroberte und sich König von
Kroatien und Dalmatien nannte, schlossen Byzanz und Venedig
einen Bund zur Wiedereroberung Dalmatiens [6]. Heinrich V.
trat demselben bei [7].

Unter Autorisation von Byzanz hat Venedig Dalmatien
und Kroatien in Besitz genommen. Byzanz scheint Venedig
die Küste zu überlassen, während es um das dalmatisch-
serbische Binnenland mit Ungarn Krieg führt [8].

Zwar würden wir fehlgehen, wenn wir die Beziehungen
zwischen Venedig und Byzanz als durchaus freundschaftliche
darstellen wollten. Kaiser Johannes, welcher empfinden mochte,
dass die Machtstellung, die sein Vorgänger den Venetianern
eingeräumt, unvereinbar sei mit den Plänen, die er für eine
Reorganisation seines Reiches gefasst, hatte ihnen die Be-

---

[1] Wib. ep. 147 p. 229.
[2] Wib. ep. 243 p. 365.
[3] Dandalo IX. 1. XV. ap. Muratori SS. XII. 227. Dalmatien war
ursprünglich, wie auch Venedig selbst, im Besitze von Byzanz gewesen.
[4] Urkunde vom Juli 1090 bei Tafel und Thomas a. a. O. 55.
Nach Dandalo im Jahre 1084 IX. 9 II. p. 249: Dux Dalmatiae et
Croatiae. Urkundlich: 1090 Dux Dalmatiae, 1097 Dux Dalm. sive
Croat., 1101 Dux Dalm. et Croat.
[5] S. Katona Hist. critica reg. Hungar. III. 141, 161, 198, 210.
[6] Katona III. 344.
[7] Dandalo IX. 11 XX. p. 266.
[8] Vergl. Cin. III. 7—9 p. 103—113. Nic. II. 7 p. 122.

stätigung des Chrysobullion verweigert. Ein Krieg zwischen
Byzanz und Venedig war die Folge gewesen, und Johannes
war bald zum Nachgeben gezwungen worden. Auch mochten
die Venetianer, pochend auf ihre Freiheit und ihre Macht,
dem Griechenkaiser nicht immer die Achtung erweisen, die
er beanspruchte[1], — bei der Belagerung von Corcyra war
es deswegen zu Misshelligkeiten gekommen[2], — trotzdem
finden wir die beiden Mächte durch den bisherigen Gang
ihrer Politik derart auf einander angewiesen, finden wir besonders Venedig in seinen wichtigsten Handelsinteressen und
durch die Macht, welche Byzanz über die im griechischen
Reiche ansässigen Venetianer besass[3], dermassen von Byzanz
abhängig, dass eine Wendung Venedigs gegen Byzanz nur
aus einer Gefahr zu erklären ist, die Venedig in seinen
Lebensinteressen bedrohte. Diese Gefahr lag in der Besetzung Anconas.

Sobald die Griechen Ancona besetzt hatten, beginnt sich
das Verhältniss zwischen Byzanz und Venedig zu lösen[4].
Cinnamus[5] schiebt die Schuld an dem Misslingen des Feldzuges den Venetianern zu, sie hätten nicht dulden wollen,
dass die Griechen sich in ihrer unmittelbaren Nachbarschaft
festsetzten.

Da wir nun um die gleiche Zeit von einem Schutz- und
Trutzbündniss zwischen Ancona und Venedig[6] hören, so

---

[1] Cin. VI. 10 p. 281 u. 282.
[2] Nic. II. 3 p. 115.
[3] Cin. VI. 10 p. 280. Nic. V. 9 p. 223.
[4] Cin. IV. 14 p. 170. er sagt ausdrücklich, dass es bei der Besetzung Anconas wesentlich auf Venedig abgesehen war.
[5] Cin. III. 0 p. 102.
[6] Dandalo IX. 14, X. 1 p. 235. Demgemäss finden wir im Jahre
1156—57 die Ankonitaner in feindlicher Stimmung gegen Byzanz. S.
Nic. II. 8 p. 129. Die Angabe des Codex Ambrosianus des Dandalo
von einem Kriege zwischen Ancona und Venedig im Jahre 1150 beruht
auf einer Verwechselung mit dem Jahre 1168. Dandalo IX. 15, XVII.
p. 202. — Kurze Venetianer Annalen zu 1168 Nov. im Neuen Archiv
I. 405. Cronica di Marco im Archivio storico VIII. 259. — Das Chronicon Altinate Archivio storico VIII. 152 u. f. hat hier eine entschieden
griechenfreundliche Tendenz (p. 157 Veneti majorum vestigia qui semper
defensores Romaniae existerant sequi volentes, ähnlich 158, 161 et pro

werden wir kaum fehlgehen, wenn wir annehmen, dass es gegen Byzanz gerichtet war. Bald darauf schloss Venedig mit Wilhelm von Sizilien, dem Feinde der Griechen, einen Vertrag, in welchem dieser sich verpflichtete, nur diejenigen Venetianer in ihrem Besitzstand anzuerkennen, welche nicht auf Seite des griechischen Kaisers ständen [1].

Die Wendung Venedigs gegen Byzanz kommt noch in einer andern Thatsache zum Ausdruck, deren Erklärung eine von Simonsfeld mitgetheilte Stelle aus der ältesten Handschrift Dandalos ergibt [2]. Als im Jahre 1147 in Venedig das Hülfsgesuch Manuels gegen den Angriff Rogers verhandelt wurde, rieth der Patriarch Heinrich Dandalo entschieden von einer Unterstützung der Griechen ab; den Schismatikern, meinte er, dürfe kein Beistand wider die Gläubigen gewährt werden. Der Doge aber befürwortete das Hülfsgesuch, und bei dem Streite, der darüber entstand, wurde der Patriarch mit seinem Anhang vertrieben. Er wandte sich an den Papst und dieser verhängte den Bann über Venedig. Im Jahre

eis, maxime pro imperatore Constantinopolitano Frederico se opponebat (wir werden später sehen, dass damals thatsächlich das Bündniss mit Rom viel wichtiger war als der Bund mit Byzanz.) Dementsprechend stellt der Verfasser das Verhältniss Venedigs zu Byzanz als ein ununterbrochen freundschaftliches dar p. 158. Dabei scheint mir, dass er mit dem Ausdruck: pacem habuit non fictam, gegen eine entgegenstehende Auffassung seiner Quelle polemisirt. Seine Darstellung steht im Widerspruch mit Dandalo IX. 15. XIV. p. 291, wie Simonsfeld Andreas Dandalo und seine Geschichtswerke p. 104 nachweist. Charakteristisch ist es, dass der Verfasser des Chronicon Altinate nach dem Bericht über den Frieden mit Wilhelm von Sizilien in Betreff der folgenden Thatsachen einfach auf seine Quelle verweist: et his et aliis sub eodem duce feliciter peractis, quae in Venetorum Chronica digesta putamus.

[1] Fontes rer. Austr. XII. 135 z. d. J. 1154, Der Vertrag mit Wilhelm v. Sizilien fällt zwischen Febr. 1154, wo Wilhelm zur Regierung kommt, und Febr. 1155, wo Maurozenos, der den Vertrag geschlossen hat, stirbt. (Siehe dessen Grabschrift Dand. 283 Note ex cod. Ambrosiano). In dem Vertrage garantirte Wilhelm den gesammten Besitzstand Venedigs exceptis illis quos in favorem Constantinopolitani imperatoris inveniret.

[2] Simonsfeld Kurze Venet. Annal. N. A. I. 408. — Andrea Dandalo und seine Geschichtswerke p. 36.

1150 erfolgte nun die Versöhnung [1] unter Autorisation des
Papstes. Heinrich Dandalo kehrte nach Venedig zurück, und
die Eintracht wurde in der Stadt hergestellt. Wahrscheinlich
ist der Patriarch erst dann zurückberufen worden, nachdem
der Doge durch den Angriff Manuels auf Ancona über die
Absichten der griechischen Politik Klarheit gewonnen hatte.
Wenn es hiernach die Besetzung Anconas war, die Venedig
zu einer feindseligen Wendung gegen Byzanz veranlasst hat, so
ist dies Beweis dafür, dass die Griechen eine dauernde Besitz-
nahme der Stadt beabsichtigt haben. Der Abmachung des
Constanzer Vertrages lag eine reale Befürchtung zu Grunde:
die Occupation Anconas war ein Schritt, der in der bisherigen
Politik der griechischen Kaiser keine Analogie findet. Seit
den Ottonen hatten sich die Ansprüche der Griechen auf das
untere Italien beschränkt, in Apulien und Calabrien waren
die Kämpfe geführt worden mit Longobarden, Sarazenen und
Normannen. Die Normannen hatte Byzanz nicht zu über-
wältigen vermocht. Es ist ein Beweis für die Schwäche
Deutschlands unter Konrads Regierung, wenn Byzanz jetzt
den Muth hatte, auf einem Gebiete, das der Hoheit des
deutschen Reiches unterstellt war, Fuss zu fassen [2]. Selbständig schob es sich zwischen Deutschland und Rom, ohne
einstweilen auf die Hülfe des einen gegen das andere zu
rechnen. Der Angriffspunkt war nicht schlecht gewählt:
lange genug hatte Manuel vergeblich auf das Erscheinen des
deutschen Königs in Italien gehofft; jetzt kam es ihm zu
Statten, dass Konrad seine Beamten und Lehnsleute ohne
Schutz gelassen; hatten sich die Griechen einmal festgesetzt,
so konnten sie als Nachbarn des Papstes und des Königs

---

[1] Dandalo IX. 14. III. p 284.
[2] Die Pentapolis von Pipin, gleich dem Exarchat, der Kirche
übertragen, befand sich schon im 10. Jahrhundert im Besitz des deutschen Kaisers. Jm Jahre 1001 schenkte der Kaiser 8 Grafschaften
derselben, unter denen auch Ancona, an die Kirche. Diese Schenkung
scheint aber nicht ausgeführt worden zu sein oder war nur Papst
Sylvester persönlich gemacht. Jedenfalls finden wir Ancona seitdem dem
Herzog von Spoleto unterstellt, bis es im 12. Jahrhundert unter dem
Markgrafen Werner als eine besondere Markgrafschaft erscheint.
Vgl. Ficker Forschungen II. 318.

einen etwa neu ausbrechenden Konflikt in ihrem Interesse
ausbeuten, sie konnten den Trotz der oberitalienischen Städte
gegen den Kaiser, die Rivalität von Pisa und Genua gegen
Venedig benutzen; Venedig, das ihnen zur See gefährlich
werden konnte, wäre auf dem Lande ihrer Uebermacht erlegen.
Wie sich Konrad zu dieser Gefahr verhalten hat, wissen
wir nicht; vielleicht ist die wahre Absicht der Griechen erst
nach seinem Tode deutlich geworden[1]. Wir müssen uns
damit begnügen, dass sie im März 1153, zur Zeit des Constanzer Vertrages, von Friedrich erkannt war[2].

UNGARN.

Gleichzeitig kamen die Interessen der beiden Kaiserreiche
auf einem anderen Gebiete in Konflikt. In Byzanz sowohl
als Deutschland tauchte im ersten Jahre der Regierung Friedrichs der Plan einer Unterwerfung Ungarns auf[3]. Derselbe
beruhte keineswegs auf einem Einverständniss der beiden
Mächte. Nachweislich fällt er in eine Zeit, in der die diplomatischen Beziehungen zwischen Manuel und Friedrich noch
nicht eröffnet waren.

[1] Vergl. Excurs II. z. d. J. 1149—1150 Anm. 1. Die griechische
Gesandtschaft kehrte im Winter 1151—52 von der anconitanischen
Expedition nach Byzanz zurück.

[2] Jungfer p. 9 meint, dass in dem Constanzer Vertrage die durchaus entgegengesetzten Beziehungen Friedrichs zu Roger und zu Manuel
zu Tage treten. Der Kaiser bezeuge nur die Lebhaftigkeit seiner im-
perialistischen Ansprüche. Gewiss, je lebhafter diese von deutscher
Seite ausgesprochen wurden, um so deutlicher trat der Gegensatz zu
Byzanz hervor. Für den möglichen Fall, dass einmal griechische Er-
oberungsgelüste sich zeigen sollten, würde man wohl kaum eine so
spezialisirte Bestimmung in den Konstanzer Vertrag aufgenommen haben.

[3] Gesta Frid. II. 6 p. 106. Continuatio Zwetlensis prima M. S.
IX. 538 zu 1152. Cin. III. 10 p. 113, V. 1 p. 202—3, V. 5 p. 214. Zur
Chronologie vergl. Excurs II. Die Absicht wird zwar von Cinnamus
erst unter einem späteren Datum erwähnt, nichts desto weniger sind
wir bei Manuels aggressiver ungarischer Politik berechtigt, sie jetzt
schon vorauszusetzen. — Vergl. Katona III. 647 und IV. 8 u. f. Katonas
treffliche Forschung, die von den späteren Darstellern nur in seltenen
Fällen überholt, oft nicht genügend berücksichtigt ist, liegt überall
meiner Darstellung der ungarischen Verhältnisse zu Grunde.

Ungarn war damals ein straff organisirter Militärstaat[1], mit wohl geordnetem Finanzwesen; das Königthum, noch nicht durch die Ausbildung des Lehnswesens geschwächt, verfügte souverän über die militärischen und finanziellen Kräfte des Landes. Seit dem Jahre 1045, in dem König Peter an Heinrich III. den Lehnseid geleistet[2], hatte es sich von der deutschen Herrschaft frei zu halten gewusst. Da hat zuerst Friedrich bald nach seinem Regierungsantritt den Plan einer Wiedereroberung Ungarns offen ausgesprochen. Aber seine Absicht, gegen Ungarn vorzugehen, scheiterte an dem Widerspruch der Fürsten; er verschob die Ausführung auf gelegenere Zeiten[3]. Mit den ungarischen Plänen steht zweifellos im Zusammenhang die Ernennung des Grafen Konrad von Dachau zum Herzog von Dalmatien. Die Nachricht ist zu unbestimmt und vieldeutig, als dass sie auf Friedrichs nähere Absichten ein Licht zu werfen vermöchte, aber sie beweist, dass er aus dem Streit zwischen Ungarn, Byzanz und Venedig um den Besitz von Dalmatien Vortheil zu ziehen bedacht war[4].

Für Manuel war die Eroberung Ungarns nicht das letzte Ziel seiner Wünsche. In dem umfassenden Plane einer Wiederherstellung des alten römischen Reiches[5] boten sich

---

[1] Gesta Frid. I. 31 p. 51.
[2] Giesebrecht III. 394.
[3] Gesta Frid. II. 6 p. 106.
[4] Gesta I. 25 p. 44. Das Material über Konrad v. Dachau und Berthold v. Andechs, die den Titel Herzoge von Dalmatien und Kroatien führen, findet sich zusammengestellt in dem dalmatisch-kroatischen Archiv Arkiv za Projestnim Jugoslavensku XI. 57.
[5] Nicetas III. 1 p. 132 ist dieser Plan ganz bestimmt ausgesprochen: πρὸς τὸ τὰ τῆς βασιλείας, εἰς τὸ κρεῖττον ἀποκαταστῆσαι πράγματ... Dass Manuel das alte Römerreich in seiner vollen Ausdehnung vorgeschwebt habe, ist auch Nic. V. 4 p. 208 gesagt: φιλοδοξία τις ἄκαιρος; καὶ τὸ πρὸς βασιλεῖς ἀνθαμιλλᾶσθαι, οἷς τὸ κλέος; πολὺ καὶ τὰ σχοινίσματα οὐκ ἀπὸ θαλάσσης μόνον ἕως θαλάσσης ὑφαπλούμενα πρὶν παρετέτατο, ἀλλ' ἐκ τῶν ἑῴων ὁριμάτων μέχρι τῶν ἑσπερίων διηνείτο στηλῶν. — Cin. V. 5 p. 214 sagt, Manuel habe Ungarn erobern wollen, weil es inmitten der occidentalen Staaten gelegen sei. Οὐννικῆς γὰρ δυνάμει τῇ πάσῃ καθάπερ εἴρηται μεταποιεῖσθαι ἤθελεν ἐν μεταιχμίῳ τῶν ἑσπερίων κειμένης ἐθνῶν.

4*

ihm zwei Augriffspunkte: Ungarn und Italien. Hier wie
dort musste er schliesslich mit dem deutschen Kaiser in Konflikt kommen; in Venedig konnte er so lange einen Bundesgenossen finden, als er sich auf einen Krieg gegen Ungarn
beschränkte; auf unbedingten Widerstand hatte er zu rechnen,
sobald er sich in Ancona festzusetzen suchte.

—

Diese Wendung der griechischen Politik macht es uns
erklärlich, warum die Anknüpfung der Verhandlungen zwischen
den beiden Kaiserreichen nicht vor der Konstanzer Abkunft
erfolgt ist. Ohne Zweifel hat sie Einfluss geübt auf die
Politik, welche Friedrich der Kurie gegenüber verfolgt. Vielleicht ist seine Nachgiebigkeit gegen den misstrauischen
Papst[1], wie sie in dem Constanzer Vertrage sich ausspricht,
theilweise darauf zurückzuführen, dass er für den Fall eines
Konflikts mit Rom einen Bund zwischen der Kurie und Byzanz
fürchtete[2]. Andererseits hat vielleicht die durch den Konstanzer
Vertrag begründete Eintracht zwischen Friedrich und dem
Papste dem byzantinischen Kaiser den Anlass gegeben, mit
Friedrich Verhandlungen anzuknüpfen, nachdem sein Versuch
eines selbständigen Vorgehens an dem Widerstand Venedigs
gescheitert war[3].

— . —

Aus den in der Wibald'schen Sammlung[4] enthaltenen
Briefen Friedrichs und Wibalds erfahren wir, dass die erste
Annäherung vom Kaiser Manuel ausgegangen ist. Er gab
seinen Willen kund, das unter Konrad geschlossene Bündniss
zu erneuern. Friedrich ging bereitwillig auf den Vorschlag
ein; zur Befestigung des Bundes wollte er sich mit einer
byzantinischen Prinzessin vermählen. Er bittet um schleunigen

[1] Grotefend Der Werth der Gesta Friderici 45—46.
[2] Das einzige Zugeständniss von Bedeutung, das Eugen im Constanzer Vertrage dem Kaiser macht, ist das Versprechen, den Griechen
kein Land in Italien abzutreten.
[3] Zur Chronologie der ersten Gesandschaft Manuels vergl. Excurs III.
[4] ep. 410—411 p. 548—550.

Bescheid auf seinen Vorschlag, damit die Antwort vor dem
Beginn seiner Expedition nach Apulien und Sizilien eintreffe,
welche er mit aller Bestimmtheit im nächsten Sommer an-
treten werde [1].
Auch von griechischer Seite ist ein Bericht über die
Legationen zwischen Friedrich und Manuel erhalten. Cinnamus [2] übergeht die erste Gesandschaft Manuels. Ihm schien
es offenbar mit der Würde eines griechischen Herrschers
nicht wohl vereinbar, den ersten Schritt zur Annäherung zu
thun. Er nennt den Namen der Prinzessin, welche allein
Friedrich an Adel und Schönheit für würdig erachtet: Maria,
die Nichte des Kaisers [3]. An seine Werbung habe Friedrich
das Versprechen geknüpft, alles zu erfüllen, was Konrad bei
seiner Rückkehr aus Palästina versprochen: nämlich die Rück-
gabe Italiens an die Griechen. Manuel habe sein Anerbieten
beifällig aufgenommen und eine Gesandschaft zur Bestätigung
des Vertrags an Friedrich geschickt. Als diese aber mit dem
König verhandelt, „habe er keinen vernünftigen Beschluss
fassen können," und so seien sie unverrichteter Sache heim-
gekehrt; doch hätten sie ihn bestimmt, eine zweite Gesandschaft nach Konstantinopel zu schicken. Diese wiederum
habe sich nicht mit Manuel einigen können, und schliesslich
habe der Kaiser den Michael Palacologus und Johannes
Ducas zu Friedrich geschickt, als derselbe auf seinem Römer-
zuge in Italien weilte.
Zunächst fällt uns an dem Berichte die widerspruchs-
volle und unsichere Fassung auf. Friedrich macht zuerst
weitgehende Versprechungen, Manuel ist ganz damit einver-
standen, plötzlich wird Friedrich anderer Meinung. Warum?
Verläugnet er seine früheren Anerbietungen, oder hat Manuel

---

[1] Ueber die Chronologie dieses Briefes vergl. Exkurs III.
[2] IV. 1 p. 134 u. f.
[3] An den zufälligen Umstand, dass der Name dieser Prinzessin
in dem ersten Briefe Friedrichs nicht vorkomme, während er bei Cinnamus erwähnt wird, knüpft Jungfer die Annahme, dass Cinnamus
nicht die erste Gesandschaft Friedrichs im Auge habe, sondern die
zweite, welche Anselm von Havelberg führte. Es lohnt sich nicht, auf
diese überfeinen und gänzlich haltlosen Deduktionen einzugehen.

andere Forderungen geltend gemacht, die Friedrich nicht
befriedigen wollte? Wir hören nur, dass er „nichts Ver-
nünftiges beschliesst". Hier haben wir entweder anzunehmen,
dass Cinnamus schlecht unterrichtet ist und einen Widerspruch stehen liess, den er nicht zu lösen vermochte, oder
dass er die Wahrheit wusste und sie zu verschleiern bemüht
war; dann möchten wir diesen Bericht etwa mit demjenigen
über die Verhandlungen zwischen Manuel und Konrad vor
dem zweiten Kreuzzuge vergleichen, in welchem wir auch
Wahres und Erlogenes in unmittelbarer Mischung vereinigt
finden. An tendenziösen Bestandtheilen ist aus dem Berichte
des Cinnamus zunächst auszuscheiden die Berufung auf das
Versprechen Konrads, ferner die Ausdehnung des angeblichen
Versprechens Friedrichs auf ganz Italien, während es sich
doch höchstens auf Theile von Italien beziehen konnte.
Dass es sich aber in der That, bei den damaligen Verhandlungen zwischen Friedrich und Manuel um italienische
Besitzansprüche handelte, ist nach dem Vorgehen der Griechen
in Ancona und nach der Verpflichtung Friedrichs im Konstanzer Vertrage wahrscheinlich und wird durch die späteren
Ereignisse bestätigt. Bald darauf berichtet uns eine deutsche
Quelle, dass die Griechen Ansprüche auf die Küstenlandschaft
der alten Pentapolis, also die Umgegend von Ancona erhoben,
und dass dieselben von Friedrich bestritten wurden [1]. Nur
die Thatsache, dass damals über italienische Besitzansprüche
der Griechen verhandelt worden sei, werden wir aus Cinnamus entnehmen können, in Bezug auf die Art und Weise,
wie die Forderungen gestellt wurden, werden wir seine Tendenz berücksichtigen. Manuel war derjenige, der um Er-
neuerung des Bundes bat; es war also nicht an ihm, Bedingungen zu machen, und Friedrich hatte keinen Grund,
Versprechungen zu geben. In Friedrichs Antwortschreiben
an Manuel wird man nicht die Abweisung einer in seinen
Augen doch jedenfalls unerhörten Anmassung finden, viel
eher könnte man darin eine gewisse Zurückhaltung aus-

---

[1] Gesta Frid. II. 29 p. 156. III. 20 p. 190, IV. 74 p. 335—336.

gesprochen sehen, welche einstweilen keine bestimmte Ver-
pflichtungen übernimmt und diese abhängig macht von der
Antwort, die seinen Gesandten zu Theil wird.

Wahrscheinlich hat Friedrich damals eine Zusicherung
gefordert, dass die durch die Besetzung von Ancona dokumen-
tirten Ansprüche von Byzanz aufgegeben würden[1]. Hierauf
hat sich Byzanz nicht eingelassen, vielleicht unter Berufung
auf sein Kaiserrecht[2]; an Friedrichs Forderung sind die
Heirathspläne gescheitert.

Die Antwort Manuels auf Friedrichs Schreiben erfolgte
im Winter 1153[3], unzweifelhaft durch eigene Boten des
Kaisers. Wir erfahren aus dem Briefe, den Wibald schickt,
dass dem Kaiser sehr viel an dem Bündnisse mit Friedrich
gelegen ist, und dass die Verhandlungen über das Heiraths-
projekt noch schweben.

Im September 1154[4], unmittelbar vor seinem Aufbruch
nach Italien, schickte Friedrich eine zweite Gesandschaft
nach Byzanz, deren Träger Anselm von Havelberg und
Alexander de Gravina waren. Sie sollten, wie es sehr allgemein heisst, wegen der beabsichtigten Heirath und wegen
des Krieges gegen Wilhelm von Sizilien, der im Februar

---

[1] Wir nehmen hier eine Umdeutung des Cinnamus vor, wie sie
bei ähnlichen Anlässen durch die direkten Aussagen anderer Quellen
an die Hand gegeben wird (vergl. p. 31 Anmerk. 2, Cin. IV. 15 p. 172
u. f. Die Friedensverhandlungen zwischen Manuel und Wilhelm von
Sizilien zu vergleichen mit Nicetas II. 8 p. 127 u. f.) Nach Cinnamus
ist Friedrich derjenige, der sich an Manuel mit seinem Angebot wendet,
aus den erhaltenen Briefen erfahren wir das Gegentheil. In gleichem
Sinne haben wir nicht Manuel, sondern Friedrich als den Fordernden
anzusehen. Nach der Auffassung des Byzantiners hat nur sein Kaiser
das Recht, Ansprüche zu erheben, und diejenigen, welche er erhebt,
müssen begründet sein.

[2] Friedrich nennt sich in dem Briefe an Manuel Kaiser, obgleich
er doch noch nicht gekrönt ist, Manuel nennt ihn in dem Briefe an
Wibald einfach König.

[3] Der Brief an Wibald ist datirt vom 22. November 1153 a Castro
Pelagoniae. Jaffé denkt an Castoria in Macedonien, doch wurde als
Pelagonia auch eine kleinasiatische Landschaft bezeichnet. S. Cin. III.
17 p. 127, 10.

[4] vergl. Excurs III.

seinem Vater Roger gefolgt war. Verhandlungen führen.
Wibald gab dem Gesandten einen Brief an den Kaiser mit,
in welchem er seine Hoffnung ausdrückt, dass er den Wün-
schen Friedrichs willfahren möge.

Anselm kehrte ungefähr zu Pfingsten [1] 1155 von seiner
Gesandschaft zurück und traf Friedrich in Oberitalien, als er
im Begriffe stand, zur Kaiserkrönung nach Rom zu ziehen [2].
Alexander de Gravina blieb zunächst in Konstantinopel;
er folgte dann der später zu erwähnenden Gesandschaft des
Michael Palaeologus und Johannes Ducas [3]. Die Zahl der
Gesandschaften, wie sie die deutschen Quellen ergeben, stimmt
genau mit den Angaben des Cinnamus, der nur die erste
Gesandschaft Manuels an Friedrich auslässt, und gerade diese
Uebereinstimmung spricht gegen des Cinnamus Glaubwürdigkeit in Bezug auf den Inhalt der Verhandlungen. Sie zeigt,
dass er gut unterrichtet war, so dass also die Widersprüche
und Lücken seines Berichtes nicht aus seiner Unkenntniss,
sondern aus seiner Tendenz zu erklären sind.

Ueber die Einzelheiten der Verhandlungen haben wir
keine Kunde. Wahrscheinlich sind neben der Heirath und
dem Normannenzuge auch die Beziehungen zu Ungarn zur
Sprache gekommen, gegen welches Byzanz damals mehrere
Kriege führte [4]. Die Vermählung wurde nicht ausgeführt:
die Verhandlungen gelangten zu keinem Abschluss und wurden
doch eifrig fortgesetzt.

---

[1] Gesta Frid. II. 20 p. 131. — Dettloff Der erste Römerzug Friedrichs I. 26 Anm. 1 weist nach, dass Anselm schon im Mai 1155 bei
Modena als Zeuge erscheint. — Stumpf 3707. Vergl. Exkurs III.

[2] Giesebrecht schliesst aus den Massregeln für den Krieg in
Unteritalien und aus den Ehren, die dem Bischof von Havelberg —
als Entschädigung für die Strapazen der Gesandschaft wurde ihm nach
Otto Fris. das Erzbisthum von Ravenna übertragen, — zu Theil wurden,
dass seine Gesandschaft guten Erfolg gehabt und, wenn auch keinen
Bund mit dem Ostreiche, doch in wesentlichen Punkten Uebereinstimmung gebracht habe. Der spätere Verlauf der Verhandlungen scheint
mir nicht dafür zu sprechen, dass Anselms Gesandschaft irgend etwas
erreicht hat und der Schluss aus der Uebertragung des Exarchats von
Ravenna ist doch wohl sehr unsicher.

[3] Gesta Frid. II. 23 p, 143. Cin. IV. 1 pag. 135.

[4] S. oben p. 51 und Excurs II. z. d. J. 1152, 1154, 1155.

Als Friedrich die Kaiserkrone empfangen hatte, beabsichtigte er einen Kriegszug gegen die Normannen zu unternehmen; wir haben keine Veranlassung, dieses Projekt in
direkten Zusammenhang mit den byzantinischen Verhandlungen zu bringen[1]. Dass Friedrich den Zug auf Grund
einer Verständigung mit Byzanz unternehmen wollte, dagegen spricht das Verhältniss Deutschlands zu Venedig. Kurz
vor oder bald nach[2] dem Vertrage, den Venedig mit Wilhelm von Sizilien geschlossen hatte, erhielt es die Bestätigung
seiner Privilegien von Friedrich[3] und auch eine Erwähnung
Venedigs bei Otto von Freising[4] lässt auf ein gutes Verhältniss zu Deutschland schliessen. Dieses wäre aber nicht erklärlich, wenn Friedrich damals im Bunde mit Byzanz gegen
Sizilien gestanden hätte. Vielmehr haben wir anzunehmen,
dass Friedrich gesonnen war, die venetianische Politik gegen
Byzanz zu unterstützen, dass er in der mächtigen Seestadt
eine willkommene Hüterin seiner eigenen Ansprüche erblickte
und ihr als solcher gern Neutralität in seinem normännischen
Kriege gewährte. Wahrscheinlich hat Friedrich den Zug
gegen die Normannen als eine Bundesleistung an den Papst
aufgefasst[5], welcher soeben den Bann über Wilhelm aus-

---

[1] Wenn Robert de Monte MS. VI. 505 zu 1155 von einem Bündniss Manuels mit Friedrich berichtet, so finden wir hier nur den Ausdruck der normännischen Anschauung, welche selbstverständlich den
Kampf gegen den griechischen und deutschen Kaiser als die Folge
einer Verabreduug zwischen beiden auffasste. Gegen ein deutsch-
griechisches Bündniss spricht der Umstand, dass weder in dem Bericht
des Kaisers selbst, Otto Fris. Pr. 4, noch vor allem bei Cinnamus die
Gesandten, welche Friedrich in Ancona treffen, sich auf einen Vertrag Friedrichs mit Byzanz berufen; Cinnamus hat offenbar den alten
Vertrag Konrads mit Manuel im Auge, den nach seiner Darstellung
Friedrich mitbeschworen.

[2] Die Aufeinanderfolge dieser Verträge ist aus der Grabschrift
des Dogen Maurozenos (ex cod. Ambrosiano zu Dandalo 286) nicht zu
entnehmen, auch nicht aus Dandalo, der den Vertrag mit Sizilien an
falscher Stelle nach der Krönung Friedrichs erzählt und in Folge
dessen auch nach Ertheilung des Privilegs.

[3] Stumpf Reg. 3702.

[4] II. 24 p. 144.

[5] Jungfer 20—23.

gesprochen hatte, nachdem dessen Kanzler Aclittin römisches
Gebiet verwüstet hatte[1].

Das Projekt scheiterte an der Opposition der Fürsten.

§. 5. OFFENSIVE DER GRIECHEN.

Im Juli oder August 1155 empfing der Kaiser eine
griechische Gesandschaft in Ancona[2], an deren Spitze die beiden
Sebasten Michael Palaeologus und Johannes Ducas standen.
Nach dem Berichte des Cinnamus bringen sie ein Ulti-
matum, eine letztmalige Aufforderung, den Vertrag zu erfüllen, in dem die Abtretung Italiens bedungen war. Friedrich
weigerte sich, und nun versuchen sie ihrem Auftrage gemäss
selbständig die Eroberung Italiens.

Eine Gesandschaft der unzufriedenen Normannen, welche
Friedrich vergeblich die Eroberung von ganz Italien angeboten
hatte, wurde auf ihrem Rückwege von den Griechen ange-
troffen und von Alexander de Gravina, der mit diesen gekommen war, auf den wahren römischen Kaiser verwiesen.
Manuel werde ihnen die Erfüllung ihrer Wünsche bringen,
sein Gesandter Palaeologus sei mit bedeutenden Geldmitteln
zur Eroberung Italiens ausgerüstet. In der That gelang es
ihm, die Normannen für seine Pläne zu gewinnen, die exi-
lirten und die aufständischen apulischen Barone schlossen
sich den Griechen an, und der grösste Theil von Italien[3]
wurde rasch erobert.

Den Bericht des Byzantiners können wir durch den
Brief Friedrichs an Otto von Freising[4] kontroliren. Hier
erscheinen die Griechen nicht als die Fordernden, sondern
als die Bittenden, sie bieten *infinitam pecuniam* dafür, dass
Friedrich den Krieg gegen Wilhelm eröffne. Die Verhand-

---

[1] Jungfer 23—24 führt mehrere Stellen an, die bezeugen, dass
der Papst damals dringend den Normannenkrieg gewünscht hat.

[2] Cinnamus IV. 1 u. 2 p. 135—136. Nicetas II. 120. Gesta
Prooemium 4, II. 23 p. 143.

[3] In Wahrheit nur Theile von Unteritalien.

[4] Gesta Pr. 4.

lungen dauern mehrere Tage, scheitern schliesslich an der Weigerung des Fürsten, den Feldzug zu unternehmen.

Aber die Beziehungen zu Byzanz sind hiermit nicht abgebrochen, wie man nach dem griechischen Berichte glauben sollte; vielmehr wird Wibald als Gesandter Friedrichs nach Konstantinopel geschickt. In welcher Weise hierbei die byzantinischen Ansprüche zur Sprache gekommen sind, ob ihre Aufrechthaltung zu dem Misslingen der Verhandlungen beigetragen, ob Wibald den Verzicht erwirken sollte, wissen wir nicht.

Bei dem Vorgehen der Griechen hören wir zuerst von einer Fixirung der griechischen Ansprüche auf einen bestimmten Theil Italiens. Die griechischen Gesandten zeigen gefälschte Briefe vor, nach welchen Friedrich ihnen die Maritima abgetreten habe [1], und zwar die Maritima Pentapoleos in Apulien, wie aus einer spätern Stelle bei Ragewin [2] hervorgeht, d. h. die Küstenlandschaft von Ancona [3].

---

[1] Gesta II. 29 p. 156. III. 20 p. 190 quod saepius antehac attentatum novimus.

[2] IV. 74 p. 336.

[3] Gewöhnlich versteht man unter Maritima oder Maritimae die Küste des ducatus Romae. Unter Maritima Apuliae versteht Romuald von Salerno MS. XIX. 428 die Ostküste von Apulien. Ebenso die Annales Cassinenses MS. XIX. 311 unter Maritima schlechthin. Hiernach haben wir die Stelle in Bosos vita Hadriani (Watterich II. 332) zu deuten, wo von griechischen Forderungen an den Papst auf tres civitates Apuliae, quae sitae erant in Maritimis, die Rede ist. Wenn wir hiermit die Stelle Rag. IV. 74 p. 336 in Zusammenhang bringen, (petitio Const. principis de Pentapoleos maritimis in Apulia) so wird die Annahme wahrscheinlich, dass man unter Maritima Apuliae die ganze Ostküste Italiens bis Ancona einschliesslich verstanden hat, und dass demnach jener dem Papste gegenüber erhobene Anspruch mit demjenigen auf die Pentapolis identisch ist. In Byzanz erinnerte man sich vielleicht, dass einst Pippin die Pentapolis ebenso wie das Exarchat von Ravenna dem Stuhle Petri geschenkt hatte, und so mag Manuel unter Berufung auf die alten griechischen Besitzansprüche jetzt vom Papste zu erlangen versucht haben, was er beim Kaiser nicht zu erlangen vermocht. — Giesebrecht 253 übersetzt „de Pentapoleos maritimis in Apulia" durch fünf Seestädte in Apulien. Er kennt nicht die Stelle des Cinnamus, aus der wir von dem ersten Angriffe Manuels in Ancona erfahren. Wenn wir mit dieser Stelle Ragewin III. 20 p. 190 (Siehe Anmerk. 1.) kombiniren, so scheint die hier gegebene Deutung gesichert.

Das Vorgehen der Griechen in Italien bedeutete den Bruch mit Deutschland. Sie waren sich dessen wohl bewusst. Schon im Oktober 1155 schlossen sie einen Vertrag mit der Republik Genua, nach welchem diese sich verpflichtete, sich mit Niemandem, möge er eine Krone tragen oder nicht, zu dem Zwecke zu verbinden, dass Byzanz in seinem gegenwärtigen oder zukünftigen Besitzstand verkürzt werde [1]. Um seine gesammten militärischen und finanziellen Streitkräfte auf den Feldzug in Italien zu verwenden, schloss Manuel Friede mit Ungarn [2]. Als der erste Angriff auf Ancona (1150—51) missglückt war, hatte er sich auf Ungarn geworfen und hier mehrere Jahre Krieg geführt. Manuel mag jede Gelegenheit ergriffen haben, um seinen Plan einer Eroberung Ungarns auszuführen, dennoch konnte er keinen Erfolg aufweisen. Schliesslich erlitt er im Jahre 1155 eine Niederlage [3]. Schon vorher war er zur See von den Normannen geschlagen worden [4]. Jetzt, da er hoffen mochte, in einem italienischen Landkriege mehr Glück zu haben, musste ihm daran gelegen sein, durch einen Frieden mit Ungarn freie Hand zu gewinnen [5].

Seine Verhandlungen mit Deutschland hatten die Schwäche des Kaisers, hatten den Widerstand der mächtigsten Reichsfürsten gegen einen italienischen Feldzug gezeigt [6]. Von Deutschland schien nichts zu fürchten und nichts zu hoffen; so mochte Byzanz den Kampf ohne, ja auch gegen Deutschland wagen. Der vom Papste geschürte apulische Aufstand gab willkommene Gelegenheit zum Eingreifen.

Charakteristisch für die Politik der Griechen ist es nun, dass sie den Krieg in Italien ohne eine eigentliche Truppenmacht beginnen: zehn Schiffe stehen Johannes Ducas [7] zur

---

[1] Liber juris Genuensium I. 183. Siehe auch Jus Graeco-Romanum ed. Zachariae a Lingethal III. 494 zur Erklärung des coronatus vel non coronatus.

[2] Siehe Exkurs II. z. d. J. 1156.

[3] Siehe Exkurs II. Otto Fris. II. 31 p. 158.

[4] Siehe Exkurs II. z. d. J. 1154.

[5] Cin. III. 19 p. 134 und IV. 10 p. 159.

[6] Cin. IV. 2 p. 136. Φρεδερίκου πρὸς τὸ δυςχερὲς ὀκνήσει ἐχομένου.

[7] Cin. IV. 2 p. 137.

Verfügung und viel Geld[1]. Mit diesem wirbt er ein Heer, verbindet sich mit den normannischen Empörern, die apulischen Seestädte Peschiera, Voscia, Giovenazzo, Trani werden theils erobert, theils fallen sie ihm durch freiwillige, gut bezahlte Unterwerfung zu. Nachdem ein sizilisches Heer unter dem Grafen Richard geschlagen, und Kaiser Manuel eine neue Flotte mit französischen[2] und massagetischeu Söldnern unter Johannes Angelus nach Italien geschickt, drangen die Griechen auch in das Innere Apuliens ein. Der Aufstand loderte durch das ganze Land, die apulischen Barone leisteten dem Papste den Lehnseid[3]; unterdessen lag der Normannenkönig schwer krank darnieder; Gerüchte gingen, er sei gestorben, oder er sei wahnsinnig geworden[4]. Da brachte seine Genesung eine schnelle Wendung[5]. Die Griechen und die Rebellen unterlagen den Waffen des Königs: der byzantinische Feldherr Ducas wurde gefangen; alle Eroberungen fielen in die Hände der Normannen.

Als Friedrich von dem Vorgehen der Griechen erfuhr, war er zum Kriege entschlossen. Gefährlicher noch als der Normanne mochte ihm der Grieche werden, wenn er sich auf italienischem Boden festsetzte. Im Juni 1156 liess er in Würzburg von den Fürsten ein Aufgebot gegen die fremden Eroberer beschwören. Durch seine Vermählung mit Beatrix von Burgund entsagte er den griechischen Heirathsplänen. Gesandte Manuels, welche mit Wibald aus Konstantinopel eintrafen[6], wollte der Kaiser anfangs gar nicht empfangen; man sagte, er habe sogar mit den Fürsten darüber berathschlagt, ob er sie nicht als Verräther solle aufhängen lassen[7];

---

[1] σὺν χρήμασι μεγάλοις. Cin. IV. 2 p. 186.
[2] Cinnamus gebraucht konsoquent den Ausdruck Γερμανοι für Franzosen, die Deutschen nennt er Ἀλλεμάννοι.
[3] Bosonis vita Hadriani ap. Watterich II. 332.
[4] Gesta II. 29 p. 156. Die übrigen Stellen vergleiche bei Jungfer 81.
[5] Frühjahr 1156.
[6] Juni 1156. Vergl. Wilmanns Note zu Gesta II. 29 p. 155 und Jaffés Note zu Wibald ep. 442 p. 575.
[7] Gesta II. 29 p. 155.

vielleicht hat erst die Nachricht von dem Siege Wilhelms und dem Rückzuge der Griechen ihn bestimmt, die Gesandten dennoch vorzulassen [1].

§. 6 GRIECHISCHE ZUGESTÄNDNISSE UND NEUE INTRIGUEN.

Eine wichtige indirekte Folge hatte das Vorgehen der Griechen für das Verhältniss Friedrichs zur Kurie. In dem Frieden von Benevent hatte Hadrian IV., von der Uebermacht des Siziliers bezwungen, diesem Apulien zu Lehen gegeben und so zwar nicht die Bestimmungen eines Vertrages verletzt, den er oder Eugen III. mit Friedrich geschlossen, wohl aber die unvergebenen Ansprüche Deutschlands auf die Oberlehnsherrschaft Apuliens. Diesen Frieden Hadrians mit Wilhelm, sagt eine italienische Quelle [2], habe der Kaiser sehr übel genommen; später beruft er sich auf ihn unter den Anklagen, die er gegen das treubrüchige Papstthum erhebt [3]. Und so begreifen wir es, wenn er einen Bundesgenossen, der sich ihm jetzt demüthig bittend nahte, nicht von sich stiess [4].

Die griechischen Gesandten wurden im Juli in Nürnberg vorgelassen. Ihr Auftrag war insofern veraltet, als er die Vermählung Friedrichs mit einer griechischen Prinzessin fördern sollte. Ausserdem sollten sie um eine Hülfsleistung Friedrichs zu einer für den September projektirten ungarischen Expedition bitten. Beabsichtigte Manuel vielleicht durch einen ungarischen Krieg die Aufmerksamkeit Friedrichs von

---

[1] Woher weiss Jungfer, dass Friedrich erst im Juni von den Erfolgen der Griechen erfuhr?

[2] Romuald v. Salerno MS. XIX. 429.

[3] Gesta Frid. IV. 31 p. 272.

[4] Im Januar 1157 schrieb Hadrian einen Brief an Wibald, er glaube nicht den Gerüchten, die erzählen, dass er in Griechenland gegen die Kirche konspirirt habe und er erwarte von der Zukunft die Bestätigung der guten Meinung, die er von Wibald habe. Wib. ep. 454. Ein Beweis, wie misstrauisch man in Rom die Beziehungen der beiden Kaiser überwachte. Das Verhältniss der Kurie zu Byzanz ist später im Zusammenhang zu erörtern.

Italien abzulenken? Wollte er ihn durch Zugeständnisse in
Ungarn für das entschädigen, was er in Italien eingebüsst?
Friedrich wies die Bitte der Griechen ab, da bis zum September
keine Kriegsrüstung zu bewerkstelligen sei[1]. Aber
er hatte sich doch herbeigelassen, ihre Vorschläge anzuhören,
und er schickte mit ihnen den Kapellan Stephan nach Konstantinopel,
um Genaueres über die Absichten der Griechen
zu erfahren. Ueber den Erfolg der Sendung Stephans ist uns
keine Kunde erhalten.

Ueberall war die Offensive Manuels missglückt, in Ungarn
waren seine Heere geschlagen; zu Wasser und zu
Lande hatten ihn die Normannen besiegt; dennoch versuchte
er Deutschland gegenüber an dem Anspruche auf das alleinige
römische Kaiserthum festzuhalten. Eine griechische Gesandtschaft,
welche im September 1157[2] in Würzburg vor dem
Kaiser erschien, liess in verschränkter Redeweise die kaiserlichen
Ansprüche von Byzanz zu Tage treten. Friedrich
wies sie von sich. Durch Bitten und Thränen erlangten sie
Verzeihung: sie versprachen, Friedrich fernerhin als römischen
Kaiser und Herrn Urbis et Orbis in gebührender Weise zu
huldigen[3].

Soviel berichten die Quellen. Doch sind einige Andeutungen
erhalten, welche mit Wahrscheinlichkeit auf diese
Verhandlungen zu beziehen sind. Otto von Freising sagt in
dem Vorwort zu seiner Geschichte Friedrichs, welches zwischen
1157 und 1158 geschrieben ist[4], dass der Grieche vor der

---

[1] Der von Manuel projektirte Zug gegen die Ungarn wurde nicht
ausgeführt.

[2] Gesta Frid. III. 6 p. 168.

[3] Die Griechen hatten den merkwürdigen Auftrag, dahin zu
wirken, dass Herzog Friedrich, König Konrads Sohn, den Ritterschlag
empfange. Die Kaiserin Irene, welche den Sohn ihres Schwagers öfters
reich beschenkt, hatte den Gesandten befohlen, nicht eher nach Byzanz
zurückzukehren, bis Friedrich den Ritterschlag empfangen habe. Ob
dieses bloss eine Aeusserung ihrer Sympathie für den Sohn Konrads
war, oder ob etwa Manuel daran dachte, in ihm, der jetzt durch den
Ritterschlag mündig geworden, einen Prätendenten gegen den Kaiser
zu gewinnen?

[4] Grotefend Der Werth der Gesta 19 und dazu Jungfer 45.

Macht des Deutschen gezittert. Ragewin[1] erzählt in dem
allgemeinen Ueberblick, den er am Schlusse seines Werkes
über die Thaten Friedrichs gibt, dieser habe den Kaiser
von Byzanz. der sich bei der Bewerbung um seine Bundesfreundschaft Kaiser der Römer genannt, veranlasst sich Kaiser
von Neu-Rom zu nennen: Jedenfalls hat sich Byzanz damals
zu Konzessionen und Versprechungen herbeigelassen, welche
seinen Ansprüchen auf die Erbschaft des römischen Reiches
zuwiderliefen.

Wenn wir nun um diese Zeit[2] von einem neuen Feldzuge der Griechen auf italischem Boden hören, von Truppen-
werbungen gegen die Normannen und einem Angriffe der
vereinigten Griechen und aufständischen Apulier[3], ohne dass
hierdurch wie im Jahre 1155 die Beziehungen zwischen
Byzanz und Deutschland gefährdet werden, so sind wir zu
dem Schlusse berechtigt, dass das Vorgehen der Griechen
im Einverständniss mit Deutschland auf Grund von Zusiche-
rungen erfolgt ist, welche die deutschen Hoheitsrechte in
Italien gewährleisteten. Dieser Annahme entspricht der Inhalt des Vertrages, den die Griechen bei ihrem erneuten
Vorgehen mit Ancona abschlossen..

Bei Cinnamus[4] wird er wörtlich folgendermassen angegeben: Die Anconitaner werden nicht freiwillig gegen den
deutschen Kaiser kämpfen. verpflichten sich aber, den Schatz
der Griechen, wie sich selber zu bewahren.

Aus dem Berichte, welchen Reinald von Dassel[5]
über seine italienische Expedition im Frühjahre 1158 dem
Kaiser einsandte, erfahren wir, dass damals die Ravennaten
einen Vertrag mit den Griechen schlossen, nach welchem sie
sich gegen eine Geldzahlung verpflichteten, *personas et res*
der Griechen gegen Jedermann, also auch gegen den deut-

---

[1] IV. 76 p. 339.
[2] November 1157. Im Januar 1158 war der Angriff schon an
Wilhelms Gegenwehr gescheitert.
[3] Annales Cassinenses MS. XIX. 311 zu 1157; Annales Ceccanenses MS. XIX. 284 zu 1157; Romuald v. Salerno MS. XIV. zu 1157.
Vergl. Excurs II. z. d. J.
[4] IV. 14 p. 170.
[5] Sudendorf Reg. II. 131.

schen Kaiser zu schützen. Während nun die Ravennaten
gestraft werden, gelingt es der Fürsprache der Griechen, den
Anconitanern, welche Reinald belagert. Schonung zu erwirken,
ja die Griechen vermögen sich „ziemlich ausreichend" über
die Vorwürfe zu rechtfertigen, welche Reinald gegen sie erhebt, jedenfalls durch Aufklärungen über ihr Verhältniss zu
den Anconitanern, welches in jenem Vertrage geregelt war.
Ancona leistete sodann dem Kaiser den Treueid [1].

So viel geht aus diesen Berichten hervor, dass in dem
Vertrage eine Klausel gestanden hat, welche die deutschen
Rechte auf Ancona garantirte, diejenige Stadt, auf die Byzanz
zumeist sein Augenmerk gerichtet hatte, seitdem es in die
italienische Eroberungspolitik eingetreten war.

Wenn die Griechen jetzt [2] auf den Besitz von Ancona
Verzicht leisteten, so war dies ein Erfolg, zu dem Friedrich
selbst direkt wenig beigetragen. Die Offensive, welche Kaiser
Manuel bei seinem Regierungsantritt mit der hochmüthigen
Gesandschaft an König Konrad eröffnet hatte, war nach vergeblichen Kriegen gegen Ungarn, nach einem zweimaligen
Angriffe auf Italien gescheitert; aber nicht an der direkten
Gegenwehr des Kaiserthums, dessen Sturz der Plan Manuels
war, sondern an dem Widerstand der Venetianer und Anconitaner, an der Tapferkeit der Ungarn und der Normannen,
die zum Schutze eigener Interessen zu den Waffen griffen.
Der Kampf, den beide Reiche als einen Kampf um die Kaiserwürde erkannt hatten, war niemals offen erklärt; im Gegentheil wurden freundschaftliche Gesandschaften gewechselt,
Ehebündnisse projectirt: wo ein Streit sich entspann, handelte
es sich um Fragen der Etiquette. Byzanz vermochte einstweilen Deutschland nicht zu entbehren; ehe es Deutschland
entgegentreten konnte, musste es den Widerstand der zunächst gelegenen Völker überwinden; bis dahin mochte
Deutschland gut genug erscheinen, als Helfer im Kampfe
gegen Normannen und Ungarn zu dienen. Friedrich anderer-

---

[1] Sudendorf Regislrum II. 132.
[2] Ueber die Zeit des Abschlusses des Vertrages siehe Exkurs II,
Reg. zu 1156 ? 57 Anmerkung.

seits hoffte, in Byzanz eine Stütze zu finden gegen die Normannen, später wohl auch gegen die Kurie. Zweifellos aber war man sich auf beiden Seiten voll bewusst, dass ein Bündniss nur auf kurze Zeit und für einen bestimmten Zweck bestehen würde.

Wenn demnach der Kampf gegen Byzanz nicht mit deutschen Waffen geführt wurde, so hat doch gewiss zu dem letzten Erfolge Friedrichs nicht wenig die innere Stärkung der deutschen Kaisergewalt beigetragen, die sich seit seiner Rückkehr aus Italien vollzog. Allmählich scheint die lähmende Opposition der Fürstenparteien überwunden; mit starker Hand greift der Kaiser in Deutschland durch; die Friedensstörer müssen seine Strenge fühlen, der Zwist der Welfen und Babenberger ward endlich beigelegt. Ruhe und Frieden herrschten überall im Reiche. Friedrich, der Mehrer des Reiches, konnte sich nun selbst den Ehrennamen eines Friedensfürsten beilegen [1].

Auf diese Zeit, da der Polenherzog Friedrich den Lehnseid leistete, da der König von England dem Kaiser als seinem Vorgesetzten zu gehorchen versprach, da der Ungarnkönig sich um Friedrichs Gunst bewarb, — auf diese Zeit mögen wir den Brief Johannes von Salisbury [2] beziehen, in welchem er sagt, dass der teutonicus tyrannus in dem Masse das griechische Kaiserthum eingeschüchtert habe, dass es durch seine Gesandten eher Unterwerfung, als Bündniss anzubieten scheine.

Aber auf die Griechen war kein Verlass. Schon im Frühjahre 1158 erweckten griechische Intriguen in Ravenna den Verdacht der Deutschen [3]; in dem Vertrage, den Alexius mit den Ravennaten schloss, wurde die Klausel weggelassen, welche in dem Vertrage mit Ancona die deutschen Rechte gewährleistet hatte [4]. Doch jetzt musste die bevorstehende Ankunft des Kaisers hier ihrer Wirksamkeit Halt gebieten.

[1] Giesebrecht IV. 99.
[2] Johannis Saresberiensis opera ed. Giles I. 222. ep. 145 zitirt von Wilmans Gesta Frid. 9 Note 1.
[3] Ragewin Gesta III. 20 p. 190.
[4] Sudendorf Registrum II. 131.

§. 7 MANUELS STELLUNG IM ORIENT. SEINE BEZIEHUNGEN
ZUR KURIE.

Während so im Occident das deutsche Kaiserthum seine
Herrschaft behauptete, gewann Manuel im Orient Erfolge,
die ihn ermuthigen mochten, an seinen grossen Plänen festzuhalten. Manuel hatte gleich im Anfang seiner Regierung den
Anspruch auf die Oberlehnsherrlichkeit über Antiochia durch
einen Krieg gegen den Fürsten Raimund zur Anerkennung
gebracht[1]. Als dann aber Raimunds Sohn Rainald gleichzeitig mit Thoros, dem griechischen Statthalter von Armenien,
sich gegen Byzanz empörte, zog Manuel im Jahre 1158 nach
Asien, um die Rebellen zu züchtigen. Thoros ergab sich
sofort[2]; Rainald musste die Gnade des Kaisers mit einer
schimpflichen Demüthigung erkaufen[3]. Sogar der Sultan von
Ikonium, der alte Feind der Griechen, musste sich Manuel
unterwerfen[4]. Als dieser in Antiochia Hof hielt[5], versammelten
sich um ihn Gesandte der meisten asiatischen Stämme; der
König von Palästina erkannte bereitwillig den Vorrang des
Kaisers an. er verkehrte mit ihm, wie einer, der sich um
die Huld des Mächtigen bewirbt[6]. Niemals hat ein griechischer
Kaiser eine Macht in dem christlichen Asien ausgeübt, wie
Kaiser Manuel. Es entsprach seiner Stellung, wenn er jetzt
die Pflichten eines Schutzherrn der lateinischen Christen
übernahm: er befreite die grossentheils im zweiten Kreuz-

---

[1] Cinnamus II. 3 p. 33 u. 35. Raimund leistet den Lehnseid.
Nicetas III. 5 p. 151 nennt den Fürsten von Antiochia einfach einen
Satrapen des Reiches; vergl. auch Odo von Deuil 40.
[2] Wilh. v. Tyrus XVIII. 24 p. 862.
[3] Wilh. v. Tyrus XVIII. 23 p. 86!. Latinitatis gloriam vertebat
in opprobrium. — Der Kaiser übte bei seiner Anwesenheit die Gerichts-
barkeit in Antiochien. Cin. IV. 20 p. 188. Rainald verpflichtet sich,
eine bestimmte Anzahl Truppen zu stellen und überliess dem Kaiser
die Ernennung des Patriarchen von Antiochia. Cin. IV. 18 p. 183
und 185.
[4] Cin. IV. 24 p. 201.
[5] Cin. IV. 18 p. 183.
[6] Wilh. v. Tyrus XVIII. 24 p. 862.

zuge gefangenen Franken aus den Händen Nureddins[1], er
sorgte für die Sicherheit der Pilger nach dem heiligen Lande[2].
Und um den Angriffen des Sultans von Ikonium vorzubeugen,
suchte er durch umfassende Städteanlagen eine Schutzwehr
gegen ihn zu errichten[3].

Während der Griechenkaiser so seine Stellung im Orient
befestigte, bot ihm der in Europa nun ausbrechende Streit
zwischen Deutschland und Rom willkommene Gelegenheit
einzugreifen.

Schon früher hatten Hadrian und Manuel mit einander
in Beziehung gestanden. Wir wissen von beiden, dass sie
eine Verbindung der griechischen und römischen Kirche
wünschten[4]. Und so ist es wohl möglich, dass die Nachricht
Wilhelms von Tyrus richtig ist, nach welcher Hadrian im
Jahre 1155 die Griechen nach Italien herbeigerufen habe,
nachdem er sich vergeblich bemüht, Friedrich I. zum Kriege
gegen die Normannen zu bewegen[5]. Der Cardinal Boso berichtet, Manuel habe ein Bündniss von der Bedingung abhängig gemacht, dass ihm drei Seestädte in Apulien abgetreten würden[6]. An dieser Forderung werden die Verhandlungen gescheitert sein; hätte sie Hadrian zugegeben,
so hätte er eine Bestimmung des Constanzer Vertrages
verletzt. Nach Cinnamus[7] soll nun Hadrian die griechischen
Feldherrn zu einer Zusammenkunft in Rom aufgefordert haben.

---

[1] Cin. IV. 21 p. 188.

[2] Eustathius Rede vor Manuel in Tafel De Thessalonica ejusque
agro 5 p. 407.

[3] Tafel De Thessalonica etc. 5 p. 409. Eustathius Op. XXIII.
53 p. 208. Cin. II. 4 p. 36, VII. 2 p. 294. Nicetas I. 2 p. 71, IV. 6
p. 195, VI. 1 p. 227.

[4] Leunclavius Jus Graeco-romanum 305 u. f. Ein Brief Hadrians
an den Erzbischof von Thessalonich; Hadrian bittet den Erzbischof
für die Vereinigung der Kirchen zu wirken und die ἀπὸ τοῦ εὐλαβοῦς
ἀθροίσματος (?) an den geliebtesten Sohn Manuel geschickten Gesandten
bei diesem zu empfehlen. Der Erzbischof antwortet ihm, dass Manuel
der eifrigste Förderer dieses Planes sei. Auch abgedruckt bei Mansi
Concilia XXI. 795 u. f. Baronius Annales eccl. zu 1155.

[5] Wilh. v. Tyrus lib. XVIII. 2 p. 819.

[6] Vita Hadriani bei Watterich II. 332.

[7] IV. 5 p. 146.

Als dann die Kurie mit Sizilien Frieden geschlossen hatte, befürchtete man in Rom ernstlich, dass sich Friedrich mit Manuel gegen den Papst verbinden werde[1]. Manuel musste ja über das Bündniss des Papstes mit den Normannen nicht minder ungehalten sein, als Friedrich; und wir begreifen, dass die Griechen im Herbst 1157[2] dem Papste feindlich gegenüberstehen[3]. Trotzdem haben wir keinen Grund, an der Nachricht des Nicetas zu zweifeln, dass Hadrian den Frieden zwischen Griechen und Normannen[4] vermittelt habe. Damals, nach dem Reichstage von Besançon, drohte der Konflikt zwischen Friedrich und der Kurie zu entbrennen. Friedrich rückte mit Heeresmacht nach Italien: es war ein geschickter Zug Hadrians, dass er durch den normännisch-griechischen Frieden die Gefahr einer engeren Verbindung der beiden Kaiserreiche beseitigte.

Obgleich durch die griechischen Intriguen in Ravenna und dann durch den Frieden[5] mit Wilhelm von Sizilien das Verhältniss Deutschlands zu Byzanz merklich abgekühlt sein

---

[1] Wibald ep. 454 p. 585.

[2] Cin. IV. 14 p. 170 u. 171.

[3] Die Nachricht des Cinnamus von einem durch die Griechen gegen Hadrian erregten Aufstande des römischen Volkes, von einem Bannfluche des Papstes (schon einmal im Jahre 1155 hatte Hadrian das römische Volk mit dem Banne belegt) wird sonst nicht beglaubigt. Die Ereignisse müssten in den Herbst 1157 (bis November) fallen. Allerdings ist der Papst von September bis November 1157 (siehe Jaffé Regesten) von Rom abwesend. Eine Bestätigung können wir finden in der Nachricht der Annales Ceccanenses MS. XIX. 284 zu 1157, dass im November 1157 der Graf Andreas cum Romanis et Graecis in Campanien eingefallen. Diese Romani können doch wohl keine Truppen des Papstes sein, der ja mit Wilhelm im Bunde stand, es mögen aufständische Römer gewesen sein. Ferner hören wir aus dem Frühjahr 1158 von Verhandlungen Rainalds (Sudendorf Reg. II. 133) mit römischen Senatoren gegen die Kurie.

[4] Im Juli 1158. Siehe Exkurs II. z. d. J.

[5] Cin. IV. 15 p. 175 spricht sogar von einem Bündniss zwischen Wilhelm und Manuel.

mochte, so wurden doch äusserlich die Beziehungen zwischen den beiden Reichen erhalten. Im Juli 1158 finden wir Wibald als Gesandten Friedrichs in Griechenland[1]. In den ersten Tagen des Januar 1159 erscheint eine griechische Gesandschaft am deutschen Hofe[2]. Aber charakteristisch genug für das Verhältniss der beiden Reiche: sie kommen, um dem Verdacht entgegenzutreten, dass Wibald durch Schuld der Griechen umgekommen sei: es waren demnach wenig Aussichten, dass Friedrich und Manuel bei dem nun ausbrechenden Schisma Hand in Hand gehen würden.

Hadrian IV. war gestorben; die Mehrzahl der Kardinäle hatte Roland, das Haupt derjenigen Partei gewählt, die schon bei Lebzeiten Hadrians auf eine enge Verbindung mit Sizilien, auf den Bruch mit Deutschland hingearbeitet hatte; eine Minderheit wählte den Kardinal Oktavian, der sich Papst Viktor nannte; für ihn entschied sich Kaiser Friedrich. Auf der Synode von Pavia wurde Viktor von einem grossen Theile der deutschen und italienischen Geistlichkeit feierlich anerkannt, der Schismatiker Roland in den Bann gethan.

Bald nach der Synode schickte Friedrich[3] eine Gesandschaft nach Byzanz: Herzog Heinrich von Kärnthen, den Protonotar Heinrich und den Venetianer Reiner Polani[4].

--- --- ---

[1] Wibald stirbt in Pelagonien im Juli 1158 auf der Rückreise von einer griechischen Gesandschaft.

[2] Gesta IV. 22 p. 260.

[3] Gesta IV. 74 p. 335. Die Gesandten wurden nicht von Pavia aus geschickt, wie Giesebrecht annimmt; noch am 16. April finden wir Heinrich von Kärnthen 'in einer Kaiserurkunde. Siehe Ankershofen Urkundenregesten zur Geschichte Kärnthens im Archiv für öst. Geschichte VIII. 354.

[4] — ac Moinherum filium Petri Polani ducis Venetiorum, iam dudum in captivitate tentum, sed absolutum. Wie Reiner Polani — einen Meinher Polani kann man nicht nachweisen, — ein Sohn des 1148 verstorbenen Dogen Pietro Polani, „iam dudum" ein Gefangener Friedrichs geworden war, vermag ich nicht zu sagen: Feindseligkeiten gegen Venedig lassen sich erst 1161 und 1162 nachweisen, also erst nach der diplomatischen Sendung Reiners. Seine Gefangenschaft mag auf andere Ursachen zurückzuführen sein, als auf einen Krieg mit der Republik selbst. Jetzt erst wird er befreit worden sein, da man eines

Wiederum hören wir, dass über die griechischen Ansprüche
auf die Pentapolis verhandelt wird, und gegen Wilhelm von
Sizilien geheime Pläne geschmiedet werden sollen. Friedrich
scheint also Byzanz einen Bund gegen Wilhelm von Sizilien
angeboten zu haben, mit dem es doch vor kaum zwei Jahren
Frieden geschlossen hatte. Das Nähere ist nicht bekannt.
Auch Alexander III. hatte sich beeilt, Gesandte nach Konstantinopel zu schicken[1]. Er soll Manuel weitgehende Versprechungen gemacht haben[2]. Doch hat sich dieser erst im
folgenden Jahre für ihn entschieden[3].

§. 8. GROSSER BUND GEGEN FRIEDRICH.

Nach der Synode von Toulouse[4] zeigte Ludwig VII.
dem Kaiser Manuel die von der vereinigten englischen und
und französischen Geistlichkeit erfolgte Anerkennung Alexanders an und forderte ihn auf, dem neuen Papste die schuldige Ehre zu erweisen. Manuel zögerte nicht sich für Alexander
zu erklären.

Aber nicht nur Byzanz, auch Ungarn[5] erkannte nach
der Synode von Toulouse Alexander an, obgleich König

---

mit den griechischen Zuständen vertrauten Mannes bedurfte; dass die
Sendung im Einverständniss mit der Republik erfolgte, ist kein Grund
anzunehmen.

[1] Vita Alex. bei Watterich II. 386.

[2] Burchards Bericht bei Sudendorf Reg. II. p. 138. Diese Nachricht wird bestätigt durch den Brief Wilhelms von Pavia an Manuel,
in welchem Wilhelm die Byzantiner als die rechtmässigen römischen
Kaiser, die deutschen Barbaren als Usurpatoren bezeichnet. Bouquet
XVI. 55.

[3] Siehe Exkurs IV.

[4] Die Synode von Toulouse ist wahrscheinlich zu setzen Febr.—
März 1161. Siehe Philippson Gesch. Heinrichs des Löwen II. 480.

[5] Dass die Synode von Toulouse Geisas Entschliessung beeinflusst
habe, ist zwar nicht direkt bezeugt, ist aber doch sehr wahrscheinlich;
allerdings rühmt sich der Erzbischof Lukas Banfy, dass er den Entschluss des Königs veranlasst habe. Wir wissen aber, dass sich Geisa
vorher für Viktor entschieden hat, — er unterschreibt die Akten des
Konzils von Pavia (Gesta IV. 70 p. 330) und nimmt Daniel von Prag,

Geisa sich in den letzten Jahren sehr eng mit Friedrich verbündet hatte und bedeutende Kon.ingente für die oberitalienischen Kriege der Jahre 1158 und 1159 gestellt hatte [1].
Als Geisa bald darauf im Mai 1161 starb, scheint sein Nachfolger Ladislaus anfangs geneigt gewesen zu sein, sich Friedrich anzuschliessen, aber bald wechselte er die Partei, und
Friedrich freute sich, des falschen Freundes ledig zu sein [2].
Noch in demselben Jahre schloss Ladislaus mit Manuel einen
Friedensvertrag auf fünf Jahre ab.

Auch Venedig hatte sich sehr bald für Alexander erklärt. Schon im Jahre 1161 finden wir dort einen rolan-
dinischen Kardinal [3], es blieb in der Folge eine wesentliche
Stütze der alexandrinischen Partei, eine Zufluchtstätte für
die Geistlichen, welche aus der Lombardei, Tuscien und der
Mark vor den Waffen Friedrichs flüchteten [4].

Und so mag man in der That im Jahre 1161 [5] von
einer Koalition der europäischen Mächte gegen Friedrich
reden: Frankreich, England, Ungarn, Byzanz, Venedig hatten

Friedrichs Gesandten, gut auf (Vincenz von Prag MS. XVII. 579), —
auf die Kunde von Ludwigs Entscheidung erklärt er sich dann für
Alexander. Fejer Cod. dipl. 163. Den Einfluss der päpstlichen Legaten,
den Prutz und Giesebrecht 257 annehmen, habe ich nirgends bezeugt
gefunden; sie lassen sich erst im Juli 1161 in Ungarn nachweisen.
Jaffé Reg. 7175. Ein Einfluss Eberhards von Salzburg auf den König
kann nur durch Vermittelung von Lukas Banfy erfolgt sein. Tengnagel
Vet. monum. cp. 70.

[1] Gesta III. 25 p. 196, III. 36 p. 211, IV. 22 p. 261.
[2] Burchards Bericht Sudendorf Reg. II. 137.
[3] Burchards Bericht 135, Jaffé Reg. 7170.
[4] Brief Alexanders vom 24. November 1178. — Cod. dipl. Croat.
et Dalm. II. 107 u. 108. Venetia in unitate ecclesiae laudabiliter stetit
et fuit civitas refugii episcopis et aliis ecclesiae praelatis, qui de Lom-
bardia, Tuscia et Marchia a sedibus propriis instante schismate illuc
divertere voluerunt.
[5] Prutz I. 361 hat von einer grossen Koalition gegen Friedrich
im Jahre 1164 gesprochen. Mit Recht hat Giesebrecht 440 die Existenz
einer solchen Koalition für dieses Jahr geleugnet. Dass aber in der
That im Jahre 1161 eine Koalition gegen Friedrich bestanden, hat
Giesebrecht nicht erkannt, da er die Anerkennung durch Manuel
fälschlich in das Jahr 1162 verlegt.

sich für Alexander erklärt, Sizilien stand von vornherein auf
seiner Seite, zwischen England und Frankreich[1]. Frankreich
und Byzanz[2], Byzanz und Ungarn[3], Ungarn und Frankreich[4]
können wir die Fäden der Verbindung nachweisen. Niemals
mochte bisher eine politische Angelegenheit zur Betheiligung
so vieler Staaten aufgefordert haben. Der Conflict zwischen
Friedrich und Alexander war zu einer europäischen Frage
geworden.

Dass eine solche Koalition gegen Deutschland zu Stande
kommen konnte, dazu haben sehr verschiedene Ursachen
in den einzelnen Staaten mitgewirkt: Ludwig VII. hatte
seine Entscheidung abhängig gemacht von derjenigen Heinrichs von England; Heinrich von England wurde von Alexander durch einen bereitwillig ertheilten Dispens gewonnen,
es bewährte sich ferner die Disziplin der Geistlichkeit
in Frankreich, England und Ungarn und ihr Einfluss auf
die Fürsten des Landes. Wenn wir aber die Klage eines
Engländers[5] hören über den ungeheuren Machtzuwachs, den
der deutsche Tyrann vor dem Papstschisma gewonnen, „beinahe habe er seine Nachbarstaaten sich unterwürfig gemacht;
sein Wink habe genügt, nahe und ferne Fürsten zittern zu
machen, sein Wort den Völkern den Frieden zu diktiren",
so werden wir kaum fehl gehen, wenn wir eine wesentliche
in allen Staaten wirkende Ursache jenes Bündnisses in der
Reaction erblicken, welche das neuerstandene, mit den Ansprüchen der Ottonen und Salier auftretende Kaiserthum bei
den europäischen Nationen hervorrief: die seit dem Niedergang
der deutschen Kaisermacht sich selbständig zu fühlen gelernt
hatten[6], sahen sich neuerdings in ihrer Unabhängigkeit bedroht.

Und nun ist es merkwürdig, wie wenig Friedrich durch
diese grosse Koalition beeinträchtigt wird. Der Gesandschafts-

---

[1] Synode von Toulouse.
[2] Brief Ludwigs an Manuel. Siehe Exkurs IV.
[3] Graecus cum Hungaro treugam fecit. Burchards Bericht bei
Sudendorf Reg. II. 187.
[4] Brief Geisas an Ludwig. Fejer Cod. dipl. Ungariae II. 163.
[5] Johann v. Salisbury ep. I. 222.
[6] Dieselbe Anschauung in dem Berichte Burchards: alle Fürsten
der Erde hätten vor Friedrich gezittert, Furcht vor ihm habe sie geeinigt.

bericht Burchards ist uns Zeugniss dafür: die e i n e Stadt
Mailand macht ihm mehr zu schaffen, als der Bund der europäischen Staaten. Alle Fürsten der Erde, heisst es, hätten vor
Friedrich gezittert, Furcht vor ihm habe sie geeinigt, der
Grieche habe den Königen der Türkei, Babylons, Persiens und
Cumaniens geschrieben, dass der römische Kaiser Byzanz und
Asien zu erobern ' gedenke, sobald er Mailand genommen.
Wenn Mailand besiegt sei, dann sei alles besiegt[1]. Cinnamus
bezeugt uns, dass man sich in der That damals in Byzanz
vor einem Angriffe Friedrichs gefürchtet hat[2].

Am 1. März 1162 fiel Mailand, Alexander flüchtete nach
Frankreich, und Friedrich plante einen Feldzug gegen Sizilien.

Noch bestand jene grosse Koalition, allerdings ohne
einen thatsächlichen oder auch nur moralischen Erfolg aufweisen zu können; bald genug machten sich Gegensätze der
Interessen geltend, welche die betheiligten Mächte trennten.

In Byzanz scheinen Zweifel entstanden zu sein, ob auf
die Zuverlässigkeit von Ludwigs alexandrinischer Gesinnung
zu rechnen sei. Der Empfang, der dem flüchtigen Papste in
Frankreich zu Theil geworden, hatte keineswegs seinen Erwartungen entsprochen, Ludwig hatte sogar mit Friedrich
Verbindungen angeknüpft[3]. Davon mochte man in Byzanz
Kunde haben. Nur so erklärt sich die Instruktion der griechischen Gesandten, welche 1163 zu Ludwig und Alexander
geschickt wurden: sie sollten unbedingt erst zu dem König
gehen, ehe sie dem Papste ihre Aufträge überbrächten[4].
Alexander wird nun dafür gesorgt haben, dass Ludwig seiner
Anhänglichkeit unzweifelhaften Ausdruck verlieh[5].

Ludwig erklärte sich zu Unterhandlungen bereit, doch
zeigte er nicht viel Eifer. Als die griechischen Gesandten

---

[1] Sudendorf Reg. II. 138.
[2] Cinn. V. 1 p. 202, 9 p. 228; Nicetas VII. 1 p. 260. Das Chron.
Altinate 161 sagt, Friedrich habe damals gedroht, Griechenland zu
erobern. Gottfried von Viterbo MS. XXII. 318 v. 489. Graecia turbatur, terror in urbe datur. Vincenz von Prag MS. XVII. 680. Nach
dem Falle Mailands: Tota enim in conspectu ejus tremebat Italia.
[3] Giesebrecht 331 u. f.
[4] Bouquet XVI. 54.
[5] Bouquet XV. 808.

mit Briefen des Papstes und des Grafen Raimund von Toulouse entlassen waren, musste der Graf Raimund den König dringend zur Absendung einer Botschaft an Manuel auffordern [1]. Schliesslich erwirkte Alexander. dass Ludwig an Manuel schrieb [2]; am 26. Januar 1165 war Manuels Antwort in Frankreich. Was sie enthielt, wissen wir nicht; von einer Fortsetzung der Verhandlungen ist keine Nachricht erhalten [3]; ein Erfolg ist nirgends zu Tage getreten. Es ist sehr wahrscheinlich, dass die Klagen der lateinischen Staaten in Syrien ein engeres Bündniss zwischen Frankreich und Byzanz verhindert haben [4].

Merkwürdiger Weise vermochte Kaiser Manuel trotz der engen Verbindung, in der er mit dem König Balduin von Jerusalem gestanden hatte, sich doch die Sympathien der syrischen Christen nicht im mindesten zu gewinnen. Antiochia, das unwillig genug die byzantinische Oberlehnsherrlichkeit ertrug, wandte sich an König Amalrich, Balduins Nachfolger [5], und bot diesem die Herrschaft an. Amalrich schrieb an König Ludwig von Frankreich [6], wenn er ihm nicht zu Hülfe käme, müsse Antiochia nothwendig entweder den Griechen oder den Sarazenen in die Hände fallen. Mehr noch als die Sarazenen glaubte er die Griechen fürchten zu müssen. Dieselbe Gesinnung spricht der Prokurator des Templerordens in einem Briefe an Ludwig aus [7]. Amalrich schrieb an Ludwig wie an seinen Oberherrn [8], von ihm allein erwartet er Rettung und Hülfe. — Auch zwischen Sizilien und Byzanz konnte keine dauernde Eintracht bestehen. Wir wissen, dass schon im Jahre 1160 Byzanz und Deutschland über ein Bünd-

---

[1] Bouquet XVI. 58.

[2] Bouquet XV. 814.

[3] Der Brief Ludwigs an Manuel (Bouquet XVI. 149) vom Jahre 1169 dient wohl kaum politischen Zwecken.

[4] Giesebrecht 432—437 hat diese Vermuthung aufgestellt.

[5] Cinnamus V. 13 p. 237.

[6] Bouquet XVI. 39—40.

[7] Bouquet XVI. 63.

[8] Bouquet XVI. 40 et tam nos, quam omnes alii jussionibus vestris obtemperabimus. — Bouquet XVI. 59. Quoniam vobis servire parati sumus.

niss gegen Sizilien verhandelten. Im folgenden Jahre wurde byzantinischen Gesandten der Durchgang durch Sizilien [1] verweigert. Als die Griechen im Jahre 1163 Frankreich verliessen, baten sie den König dringend um Empfehlungsbriefe an den Sizilier, sonst fürchteten sie ausgeplündert zu werden [2]. Zugleich war Manuel in Gefahr seinen Einfluss auf Ungarn gänzlich einzubüssen. Ueber seinen weitausschauenden Plänen hatte er seine Grenzlande nicht vernachlässigt; er hatte nicht aufgehört, den Bürgerkrieg zu schüren, die Kronprätendenten und die Parteien gegen einander zu hetzen, aber seine Intriguen hatten wenig Erfolg [3]. Jetzt, da sich der König von Ungarn um des deutschen Kaisers Gunst bewarb, drohte dieser dem Griechen auch in Ungarn ein gefährlicher Rival zu werden; Manuel erklärte Ungarn den Krieg, und so war im Jahre 1164 der grosse Bund gegen Friedrich thatsächlich aufgelöst [4]. Frankreich war zurückhaltend, der König

---

[1] Bouquet XVI. 82.

[2] Bouquet XVI. 56.

[3] Siehe folg. Kapitel.

[4] Als Mittelpunkt einer angeblichen grossen Koalition vom Jahre 1164 erscheint in den Darstellungen von Reuter II. 174 und Prutz I. 362 der Patriarch Udalrich von Aquileja. Fechner, der in dem Archiv für Kunde österreichischer Geschichtsquellen Bd. XXI. 295 u. f. eine Monographie über Udalrich veröffentlicht hat, ist der Urheber dieser Auffassung. Zu ihrer Begründung lässt sich eigentlich nur die Thatsache anführen, dass sich bei Aquileja „die Strassen kreuzen von Baiern, Böhmen, Ungarn und Italien her" und dass in Folge dessen „hier die Partei Alexanders sich konzentriren musste". Fechner fährt fort: „Hier konnten die Boten des Papstes sicher aus- und eingehen, hier wurde Ungarn an sein Interesse gekettet, hier der Bund dieses Reiches mit Griechenland geschlossen, hier die Verbindung mit Böhmen erhalten" u. s. w., ohne in dem Verlaufe der Untersuchung auch nur einen einzigen Beleg zur Begründung dieser Behauptungen beizubringen. Wenn er dann sagt „hier gelangten die Boten Heinrichs des Löwen sicher nach Italien und wieder zurück", so ist das einzige Beispiel, das er dafür anführen kann, ein Bote Heinrichs, den der Kaiser selbst empfiehlt. Ich würde kaum auf diese ganz in der Luft schwebenden Behauptungen Fechners eingegangen sein, wenn nicht Reuter unter einfacher Berufung auf Fechner den Bund zwischen Ungarn und Deutschland durch die Kardinäle Walter von Albano und Hildebrand nach Massgabe der Weisungen Eberhards von Salzburg und Udalrichs von

von Ungarn hatte sich mit Byzanz entzweit[1]. Sizilien zeigte sich feindselig gegen Byzanz, und Venedig ging seine eigenen Wege.

Noch andere Bundesgenossen hatte Manuel zu werben gesucht. Er hatte mit den Pisanern[2] Unterhandlungen angeknüpft, die aber an seiner Forderung scheiterten dass sich Pisa verpflichten solle, Deutschland bei einem Kriege gegen Byzanz keine Hülfe zu leisten. Auch die Genuesen lud er ein, Gesandte nach Byzanz zu schicken, er versprach ihnen den Vertrag zu erfüllen, den er im Jahre 1155 mit der Republik gegen Friedrich abgeschlossen hatte[3]. Welches aber hierbei die eigentlichen Pläne Manuels waren, geht aus dem Vertrage hervor, den er später mit Genua abschloss[4]. Es verpflichtete sich eine griechische Flotte und griechische Truppen bei sich aufzunehmen und zu schützen, für den Fall, dass Manuel von Genua aus einen Christen oder Heiden, möge er eine Krone tragen oder nicht, bekriegen wolle. Und zwar hätten dann die Genuesen den Befehlen der griechischen Besatzung unbedingt Gehorsam zu leisten. So sollte also hier das Beispiel Anconas Nachahmung finden. Vorläufig aber vermochte die genuesische Gesandschaft, welche im Jahre 1164 nach Byzanz ging, keine Einigung zu erzielen. Wir be-

Aquileja vereiteln liesse, und Fechner's Angaben über „die geheimen Pilger der alexandrinischen Partei, die unter der Leitung und dem Schutze Udalrichs" die alexandrinischen Lande verbinden, als Thatsachen hingenommen hätte. Bei Prutz I. 361 und 362 lesen wir dann „von der geheimnissvollen, aber höchst erfolgreichen Thätigkeit Udalrichs, welche neben den Bemühungen Eberhards von Salzburg Ungarn dem Reiche entfremdet habe. In den Händen Udalrichs liefen die Fäden zusammen, welche die Aloxandriner im Süden und Norden, im Osten und Westen mit einander verbanden; er vermittelte die geheime Korrespondenz und wusste die Gesandschaften vor den Nachstellungen der Kaiserlichen zu sichern u. s. w." Schade, dass diese Dinge alle in ein gar so tiefes Geheimniss gehüllt sind!

[1] Siehe folg. Kapitel.
[2] Annales Pisani MS. XIX. 246; im Oktober 1161 gingen Pisanische Gesandte nach Byzanz; Juli 1163 kehrte Coccus nach vergeblichen Verhandlungen zurück.
[3] Oberti Annales MS. XVIII. 61.
[4] Liber juris Genuensium I. 254.

greifen es, dass Friedrich mit Privilegien nicht sparte[1], um
die beiden mächtigen Seestädte an sein Interesse zu fesseln.
In der That gelang es ihm, den griechischen Werbungen er-
folgreich entgegenzuarbeiten.

§. 9. MANUELS KRIEG GEGEN UNGARN UND BUND MIT VENEDIG.

Schon im Jahre 1161 hatte Manuel in Ungarn Einfluss
zu gewinnen gesucht. Die Brüder Geisas, Ladislaus und
Stephan, hatten sich, von dem Könige zurückgesetzt, nach
Byzanz begeben, und Stephan hatte Manuels Nichte Maria,
die einst Friedrich I zugedacht war, geheirathet[2]. Als Geisa
starb, erhoben die Ungarn seinen Sohn Stephan, der als der
dritte bezeichnet wird, zum König. Die Brüder Geisas sahen
sich durch ihn in ihrem Anspruche auf die Thronfolge ge-
schmälert[3] und baten Manuel um Hülfe, der Geld und Versprechungen nicht sparte, um die ungarischen Magnaten zur
Anerkennung seines Schützlings Stephan IV zu gewinnen.
Er wollte sich bei dieser Gelegenheit durch die Abtretung
von Semlin und Francochorium für seine Dienste bezahlt
machen. Doch gelang ihm nur der Sturz Stephans III.
Stephan IV. war den Ungarn verhasst, weil er eine
Griechin geheirathet; sie wählten Ladislaus und sicherten
seinem Bruder das Recht auf die Thronfolge. Als dann
Ladislaus im Februar 1162 starb, folgte ihm Stephan IV.
Doch bald empörten sich die Ungarn, vertrieben ihn und
wählten von Neuem Geisas Sohn, Stephan III. Ein Jahr
lang dauerte der Kampf zwischen den Prätendenten; Stephan
IV verfügte über einen grossen Anhang, auch unter den
geistlichen Fürsten[4], im Juni 1162 ward er in einer blutigen

---

[1] Urkunde Friedrichs für Genua vom 9. Juni 1162. Liber juris
Genuensium I. 207, für Pisa April 1162. Stumpf Acta imp. 143. Reg. 3936.
[2] Cinnamus V. 1 p. 202—203. Nicetas IV. 1 p. 165 u. f.
[3] Sie leiteten ihren Anspruch von einer Bestimmung des ungarischen Thronfolgerechtes ab, welche angeblich den Bruder vor dem
Sohne begünstigte.
[4] Sogar der Erzbischof von Calocza, neben dem Erzbischof von
Gran der mächtigste Prälat Ungarns, stand auf seiner Seite.

Schlacht geschlagen, doch erst im folgenden Jahre wurde er
endgültig besiegt[1], und Manuel musste den jüngeren Stephan
anerkennen. Der vertriebene Prätendent wandte sich jetzt
an Friedrich I um Hülfe gegen seinen Neffen[2]. Unzufriedene
ungarische Magnaten boten sogar dem deutschen Kaiser die
Herrschaft in Ungarn an. Gleichzeitig hatte ihn der König
von Ungarn zum Schiedsrichter berufen und ihm 5000 Mark
zu zahlen versprochen, wenn er sich für ihn erklärte. Schon
im Frühjahre 1163 erwartete man einen Feldzug Friedrichs
nach Ungarn, der den griechischen Einfluss vernichtet hätte[3],
wenn er ausgeführt worden wäre. So war denn Manuel um
einen Vorwand nicht verlegen. Stephan den Krieg zu erklären.

Im Frühjahr 1164 rückte er in Ungarn ein. Ein grosser
Theil der ungarischen Grossen, besonders geistliche Fürsten,
traten auf seine Seite[4]. Da hemmte ihn ein böhmisches Heer
in seiner siegreichen Laufbahn. König Stephan hatte sich
an Ladislaus von Böhmen gewandt, und dieser führte ihm im
Auftrage Friedrichs[5] oder doch im Einverständniss mit ihm

---

[1] Im Jahre 1163 urkundet er noch als König mit dem Erzbischof
von Calocza in Agram. Fejer Cod. dipl. Ung. II. 165.

[2] Giesebrecht 380 hat den Briefen Sudendorf I. 61 u. 62 zuerst
die richtige Stelle angewiesen. Vergleiche dazu den Brief Alexanders
in Meiller Regesta archiep. Salisburg. 105 vom 29. Mai 1163. Ferner
den Brief Alberts von Freising Sudendorf I. 66.

[3] Ein unzufriedener Vasall Manuels, der Fürst von Serbien, hatte
damals Verbindungen mit Deutschland angeknüpft. Cin. V. 5 p. 212.
Nicetas V. 4 p. 207.

[4] Auch der Erzbischof von Calocza. Cin. V. 8 p. 222 nennt
ihn den Metropolitan von Παγάρζιον = Batzion; vergl. Katona 65. Der
Erzbischof von Calocza nennt sich (Fejer II. 166 und 119) Bachiensis
archiepiscopus. — Vergleiche auch die Annales Pragenses MS. III.
121 Ungarorum optimates pacificavit.

[5] Dem König von Böhmen und den Herzogen von Oesterreich
und Steiermark hatte Friedrich die Entscheidung des ungarischen
Wahlstreites aufgetragen. Vergl. die Briefe in Sudendorfs Registrum
I. 61, 62, 66. Giesebrecht verlegt in das Jahr 1164 das Hülfsgesuch
des Prätendenten Stephan bei Friedrich I., welches die Annales Colonienses ed. Waitz 104 zu 1160 erzählen. Die Stelle bedarf einer
näheren Erörterung. Die Kölner Annalen berichten unter dem Jahre
1160 über einen Reichstag von Parma. Friedrich empfängt hier mehrere
Gesandschaften, von denen eine unzweifelhaft in das Jahr 1164 zu ver-

böhmische, deutsche und russische Hülfstruppen zu [1]. Ehe es zur Schlacht kam, trat Manuel den Rückzug an. Sein

legen ist. Die Gesandschaft des Bischofs von Sardinien wird von den Annales Oberti MS. XVIII. 57 in ganz ähnlicher Weise zu dem Reichstage von Parma des Jahres 1164 erzählt. (Vergl. Lehmann die Kölner Annalen 39). Wahrscheinlich gehört auch die Venetianer Gesandschaft, welche den Kaiser um Frieden bittet, in das Jahr 1164. Vor 1160 ist uns nichts von einem Kriege zwischen Venedig und Deutschland bekannt, während wir wissen, dass zwischen 1161 und 1164 die Städte. der Mark im Auftrage Friedrichs Venedig bekämpften. Auch der Prätendent Stephan von Ungarn soll in Parma erschienen sein: er bot dem Kaiser 3000 Mark an, wenn er ihn in seine Herrschaft wiedereinsetzen wolle. Er wird als Bruder des Königs von Ungarn bezeichnet. Dieses passt nicht auf das Jahr 1164, da damals Stephan III., der Neffe des Prätendenten Stephan, auf dem Throne sass, wohl aber auf das Jahr 1160, da in diesem Jahre Geisa, der Bruder des Prätendenten, regierte. Ferner soll der Herzog Welf auf dem Reichstage das Herzogthum Spoleto und die Markgrafschaft Tuscien hochmüthig und drohend verlangt haben; der Kaiser habe die Forderung zurückgewiesen. Die Nachricht kann ebensowohl auf das Jahr 1160 wie 1164 bezogen werden. Im Jahre 1160 ging Welf, nachdem er noch an der Synode von Pavia Theil genommen, (vergl. ML. II. 127) nach Tuscien und Spoleto und nahm diese Länder für sich in Besitz (vergl. Historia Welf. Weing. XXI. 469). Im Jahre 1162 aber finden wir Rainald von Dassel im Auftrage des Kaisers in Tuscien schalten, als ob das Land dem Reiche gehörte (vergl. Ficker Forschungen Bd. I. §. 137 p. 257). So könnte also Welf im Jahre 1164 den ihm entzogenen Besitz zurückgefordert haben. Thatsächlich ist er im Jahre 1164 in Italien gewesen (Hist. Welf. Weing. MS. XXI. 470.) Sollte der Verfasser der Kölner Annalen vielleicht Ereignisse des Reichstages von Pavia mit solchen des Reichstages von Parma kombinirt haben? Dass Friedrich auch im Jahre 1160 einen Reichstag in Parma gehalten habe, ist sehr unwahrscheinlich, wenn wir das Itinerar Friedrichs im J. 1160 verfolgen. Im Frühjahr und Sommer 1160 wechselt Friedrichs Aufenthalt zwischen Mailand und Pavias Umgebung, im August wendet er sich nordwärts nach Como, kehrt dann nach Pavia zurück, dort finden wir ihn am 26. August; am 29. Oktober geht er von Pavia nach Piacenza, dann finden wir ihn in Cremona, von wo er nach Pavia zurückkehrt, um dort den ganzen Winter zu verbringen. — Wir kommen hier mit dem mir bekannten Material zu keiner Entscheidung. Einstweilen hege ich noch Bedenken, mit Giesebrecht alle Ereignisse, welche die Kölner Annalen unter dem Reichstag von Parma berichten, in das Jahr 1164 zu versetzen.

[1] Vinzenz v. Prag MS. XVII. 681. Annales Pragenses MS. III. 121 zu 1164. Ragewin Continuator zu 1164. Cin. V. 7 p. 218—220.

Lager überliess er den beutelustigen Böhmen; geschickt aber
wusste er mit Ladislaus Unterhandlungen anzuknüpfen, in
Folge deren dieser mit Byzanz einen freundschaftlichen Vertrag schloss und in ein Verlöbniss seiner Enkelin mit Manuels
Neffen willigte. Ladislaus vermittelte einen Friedensvertrag
mit Ungarn unter Bedingungen, die für die Griechen sehr
günstig waren: Bela, dem Bruder des Königs von Ungarn,
den Manuel mit seiner Tochter verlobt hatte, wurde das
Binnenland von Dalmatien als sein Erbtheil ausgeliefert. Der
Friede aber hatte nur kurze Dauer; noch in demselben Jahre
plante Manuel einen neuen Feldzug gegen Ungarn.

Der feindlichen Wendung der griechischen Politik gegen
Ungarn entsprach es, wenn sich Manuel jetzt Venedig zu
nähern suchte. In dem Gegensatz gegen Ungarn gingen
griechische und venetianische Interessen Hand in Hand. Seit
Manuels Angriff auf Ancona, seit dem venetianisch-sizilischem
Vertrage scheinen zwischen Byzanz und Venedig keine Beziehungen bestanden zu haben. Die Verbindung, welche
Manuel mit Pisa und Genua anzuknüpfen gesucht hatte,
musste Venedigs Eifersucht erregen. Jetzt, da von den
italienischen Projekten Manuels, bei denen ein Konflikt mit
Venedig unvermeidlich erschien, kein Erfolg zu erwarten war,
da wiederum seine ungarischen Pläne in den Vordergrund
traten, sandte er eine Gesandschaft unter Nicephorus Chalu-
phes nach Venedig, um über ein Bündniss gegen Deutschland zu verhandeln[1].

Friedrich hatte Venedig in den letzten Jahren durch
einen Angriff der benachbarten Städte Verona, Ferrara, Padua
beschäftigt[2]. Zu gleicher Zeit überfielen der Patriarch Udalrich

---

[1] Cinnamus V. 9 p. 229—231. Vielleicht ist die Initiative zu
dem Bündniss von Venedig ausgegangen. So berichtet Cinnamus; be-
kanntlich ist ihm in solchen Dingen nicht zu trauen. Die Rede der
Gesandten, in welcher diese Nachricht enthalten, ist frei komponirt;
ebenso wie die angebliche Schlacht vor Mailand, in der die verbündeten Griechen und Venetianer Friedrich geschlagen haben sollen.

[2] Cronaca di Marco Arch. storico VIII. 259. — Chronicon Altinate Arch. storico VIII. 161. — Dandolo IX. 15 VI. p. 288. Codex
Ambrosianus zu Dand. 288. — Kurze venetianische Annalen N. A. I.
395—410 zu 1161 u. 1162. Dazu die Urkunde Friedrichs vom 9. Juni

von Aquileja und der Herzog Heinrich von Kärnthen den venetianischen Patriarchen [1]. Venedig hatte den doppelten Angriff abgewiesen, ja es war ihm gelungen, die Städte der veronesischen Mark zum Abfall von Friedrich zu veranlassen, und da kam das griechische Geld sehr gelegen, um den Aufstand in grösserem Massstabe zu organisiren. Friedrich, der ein Heer gegen Verona aufgeboten hatte, musste sich zurückziehen. Hier zuerst stiess er auf energischen und erfolgreichen Widerstand.

Manuel hatte noch in demselben Jahre mit zwei russischen Fürsten Primislaw und Rosislaw Bundesverträge gegen Stephan von Ungarn geschlossen. Cinnamus erzählt [2], auch Friedrich habe sich damals mit Byzanz gegen Ungarn verbündet. Doch haben wir allen Grund, die Richtigkeit dieser Nachricht zu bezweifeln. Im Jahre 1164 hatte König Stephan mit Friedrich einen Vertrag geschlossen, durch welchen er sich verpflichtete, dem Kaiser 5000 Mark zu zahlen. Am 1. August 1165 forderte Friedrich [3] die noch rückständigen Gelder ein. Wäre dies

---

1162, worin er Genua ermächtigt, alle Venetianer auszuweisen, nisi ipsi Veneti gratiam nostram et bonam voluntatem fuerunt consecuti. Lib. jur. Gen. I 207.

[1] Giesebrecht 405 verlegt diesen Angriff in das Jahr 1164. Dandalo IX. 15 VI. p. 288 bringt ihn in unmittelbare Verbindung mit dem Kriege zwischen Venedig und den Veroneser Städten, welchen die Cronaca di Marco in das Jahr 1162 versetzt. Bei Dandalo folgt auf diesen Bericht die Nachricht von der Flucht Alexanders nach Frankreich im Jahre 1162. Auch die Cronaca di Marco erzählt die Gefangennahme des Patriarchen unmittelbar nach dem venetianisch-veronesischen Kriege. Die kurzen Venet. Annalen verlegen den Angriff Udalrichs in das Jahr 1161. — Blos das Chron. Altinate verbindet ihn mit den Kämpfen des Jahres 1164; bei der pragmatischen, unchronologischen Schreibweise dieser Chronik ist darauf nichts zu geben. Zudem scheint mir am Schlusse des Berichts der Ausdruck: cum haec et alia fecissent Veneti, jamque Marchianos sibi pecunia associassent darauf hinzuweisen, dass in der Quelle der Chronik eine andere Reihenfolge der Ereignisse gestanden hat, welche der Schreiber um der pragmatischen Gruppirung willen in der Haupterzählung verlassen hat, auf die er jetzt rekapitulirend zurückkommt.

[2] V. 12 p. 236.

[3] Ragewini Appendix unter 1166 p. 341.

möglich, wenn Friedrich sich unterdessen mit Manuel gegen
Stephan verbündet hätte? Zudem ist das angebliche Bündniss bei Cinnamus so tendenziös begründet, die ganze Erzählung entspricht so durchaus der Schablone, die der phan-
tasielose Byzantiner bei seinen Erfindungen anzuwenden pflegt,
dass wir schon hieraus Verdacht gegen die Nachricht schöpfen
müssten. Friedrich habe erkannt, dass ihm Manuel im Occident kräftigen Widerstand entgegensetze[1], — durch griechische Intriguen sei er der Kaiserkrone beinahe beraubt
worden, da habe er es für zweckmässig erachtet, sich um
Manuels Freundschaft zu bewerben und mit ihm einen Vertrag gegen Ungarn abzuschliessen; als Friedrich dann aber
erfahren habe, dass sich die griechischen Verhandlungen mit
der Kurie wegen Uebertragung der Kaiserkrone zerschlagen,
sei der alte Hass zum Vorschein gekommen, er habe den
Plan gefasst, Byzanz zu erobern, ja er habe das Land schon
unter die Seinigen vertheilt. Dies Unternehmen sei wiederum
an Manuels Widerstand gescheitert. und nun habe Friedrich
den Griechenkaiser durch neue friedliche Anerbietungen zu
täuschen versucht, um auf solche Weise Zeit zu Rüstungen
zu gewinnen.

Ganz naiv also nimmt Cinnamus für seinen Kaiser das
Recht in Anspruch, mit der Kurie wegen Uebertragung des
Kaiserthums zu verhandeln, während er mit Deutschland
gegen Ungarn verbündet ist.

Die letzten Anerbietungen Friedrichs werden nach Cinnamus von Herzog Heinrich von Oesterreich und Pfalzgraf Otto
von Wittelsbach überbracht, welche im Jahre 1166 nach
Byzanz gingen. Die abschlägige Antwort Alexanders auf
Manuels Anerbietungen erfolgte erst im Jahre 1167 oder 1168,
also kann sie unmöglich die Handlungsweise Friedrichs im
Jahre 1166 bestimmt haben.

Die Erfindung ist zu plump, um nicht als solche erkannt
zu werden; wieder berichtet Cinnamus, wie bei seiner Darstellung der ersten Verhandlungen zwischen den beiden Kaisern,
von einem Vertrag, der von Friedrich treuloser Weise ver-

[1] Cin. VI. 4 p. 261 u. f.

3*

letzt wird, und von Thatsachen, die mit seinen eigenen Nachrichten in Widerspruch stehen.

Noch im Jahre 1164 kam es zu neuen Kämpfen zwischen dem König und dem Prätendenten Stephan, der auch jetzt von den Griechen unterstützt wurde[1]. Als dann im folgenden Frühjahr Stephan IV. starb, rückte Manuel mit Heeresmacht in Ungarn ein, angeblich um die Ermordung Stephans und die seiner Leiche angethane Schmach zu rächen. Er drang tief in das Innere des Landes vor, nach langer Belagerung wurde Semlin genommen; gleichzeitig eroberte Johannes Ducas Dalmatien, wahrscheinlich mit Hülfe der Venetianer, welche sich verpflichtet hatten, eine Flotte von 100 Schiffen zu stellen[2]; im Frieden erhielten die Griechen Syrmien, das dalmatische Binnenland Diocleas und die dalmatischen Küstenstädte. Nur Zara blieb nach wie vor den Venetianern[3].

So hatte also das venetianisch-griechische Bündniss beiden Kontrahenten Vortheil gebracht. Venedig mit dem Veroneser Bunde hatte den Angriff Friedrichs siegreich bestanden; in Ungarn waren die Griechen trotz der Hülfe, welche der Böhmenkönig gebracht hatte, schliesslich Sieger geblieben; die Saat, die Manuel gestreut, hatte Früchte getragen: zwar war ihm sein ursprünglicher Plan, die Eroberung des ganzen Landes, nicht geglückt, doch konnte er darauf rechnen, dass ihm das durch Parteikämpfe und Thronstreitigkeiten zerrüttete Reich früher oder später als willkommene Beute in die Hände fallen würde.

Stephan versuchte im folgenden Jahre[4] Syrmien wiederzuerobern; aber er musste nach einem vorübergehenden Erfolge einem doppelten Angriffe der griechischen Heere weichen. Um diese Zeit kamen der Herzog Heinrich von Oesterreich und Pfalzgraf Otto von Wittelsbach nach Byzanz[5], um

[1] Cinnamus V. 13 p. 238, 239; Nicetas IV. 3 p. 173.
[2] Cin. V. 12 p. 237.
[3] Urkunde von 1166 in Monumenta spect. ad hist. Slav. meridionalium I. 8. — Urkunde 1167. Cod. dipl. Croat. et Dalm. II. 73.
[4] 1166. Siehe Excurs II.
[5] Cin. VI. 4 p. 261. Ragewini App. zu 1167 p. 312. Continuatio Zwetlensis prima MS. IX. 538 zu 1166. Chron. Admontense MS. XI.

im Auftrage Friedrichs, wie Cinnamus sagt, eine Versöhnung
der beiden Kaiser herzustellen, und um den Ungarn einen
Waffenstillstand zu vermitteln. Herzog Heinrich war zu
diesem Friedensgeschäft sehr geeignet, weil er seit dem zweiten
Kreuzzuge mit einer griechischen Prinzessin vermählt, in sehr
intimen Beziehungen zu dem Kaiserhöfe von Byzanz stand [1].
Friedrich mochte es bei den Fortschritten Manuels für
angezeigt halten, mit seiner Autorität dem Bundesgenossen zu
Hülfe zu kommen. Der Waffenstillstand wurde für Ungarn
erwirkt, aber der eigentliche Zweck der Gesandschaft war
verfehlt, da eine Einigung zwischen Byzanz und Deutschland
nicht erreicht wurde. So hatte sich also Heinrich von Oesterreich zwischen Deutschland und Byzanz zu entscheiden. Durch
die Vermählung seiner Tochter Agnes mit dem König von
Ungarn zeigte er, für welche Partei er einzutreten entschlossen
sei. Schon im folgenden Jahre focht er auf Seite der Ungarn
gegen die Griechen [2].

Manuel hatte unterdessen seinen Blick wieder auf Italien
gerichtet.

§. 10. UNIONSPLÄNE.

Wir wissen, dass Manuel mit Eugen III. und Hadrian
über eine Vereinigung der abendländischen und morgenländi-

---

zu 1166. Continuatio Claustro-Neoburgensis secunda MS. IX. 615 zu
1163. — Otto von Wittelsbach war noch am 27. April 1168 in Deutch-
land. Heigel-Riezler Herzogthum Baiern p. 128.
[1] Tengnagel Vetera monumenta contra Schismaticos 380, — ein
Brief Heinrichs von Oesterreich, den Meiller in seinen Babenbergischen
Regesten übersehen hat; derselbe bezeugt das intime Verhältniss Heinrichs
zu dem byzantinischen Hofe. Er ist wahrscheinlich zu datiren: Sommer
1162; denn auf diese Zeit passen die Worte: quo facto, postquam de ex-
peditione redii. Nur auf dem Feldzuge von 1162 lässt sich Heinrich nachweisen (nach Meiller) Der äusserste Termin ist 29. Juni 1165, an welchem
Tage (nach Meiller 352) der Abt Gottfried von Admont stirbt, an den
der Brief gerichtet ist. Also kann unter der expeditio nicht die Gesandschaft vom Jahre 1166 verstanden werden.
[2] Nicetas V. 1 p. 199. Contin. Zwetlensis prima MS. IX. 538
zu 1167. Ragewini App. 343 zu 1168. Vergl. Ficker Reinald v. Dassel
107 Anm. 1.

schen Kirche verhandelt hatte. Den extrem orthodoxen Geistlichen gegenüber war der Kaiser geneigt, eine Annäherung
an die Kirchenlehre der lateinischen Kirche zu begünstigen.
Auf einer Synode vom Jahre 1166[1] setzte es sein persön-
licher Einfluss gegen den Widerstand der griechischen Prä-
laten durch, dass das Dogma über das Verhältniss des Vaters
zum Sohne im Sinne der abendländischen Lehre entschieden
wurde. In einem Streite[2], der sich in Byzanz darüber entspann, ob Mahomet zu verdammen sei, drohte der Kaiser der
widerspenstigen griechischen Geistlichkeit, die Entscheidung
der Frage dem römischen Papste anheim zu geben. Dann
fanden die Byzantiner in der Controverse, ob der heilige
Geist vom Vater und Sohne, oder blos vom Vater ausgehe,
eine neue Gelegenheit, ihren Scharfsinn zu üben. Manuel
liess den in Byzanz wohnenden Magister Hugo Eterianus[3]
aus Pisa zu sich kommen, der ihm die lateinische Lehre dar-
legte und seine Zustimmung fand. Hugo Eterianus schrieb
eine Abhandlung, in welcher er das lateinische Dogma ver-
theidigte; Andronicus Camateros, ein hoher griechischer
Würdenträger, verfasste eine Gegenschrift[4].

[1] Akten der Synode bei Angelo Mai Scriptorum veterum nova
collectio IV. 1, wo aus der vatikanischen Handschrift ein sehr hübsches
Bildniss Kaiser Manuels und der Kaiserin Maria nach einer Miniatur
des Codex Vaticanus zu finden ist. Erwähnungen der Synode bei Cin.
VI. 2 p. 251. Nic. VII. 5 p. 275. Auf diese Synode bezieht sich auch ein
Brief, der im Chron. Magni Presbyteri MS. XVII. 406 z. d. J. 1171 erwähnt wird. Der Abt von Reichenberg überbringt dem Papste ein vor
4 Jahren (1166) erlassenes Schreiben der drei Metropoliten von Byzanz,
Antiochia und Jerusalem coram Manuele in Constantinopoli editum,
welches die Frage, ob der Vater grösser sei, als der Sohn, im Sinne der
lateinischen Lehre entscheidet. Vergl. noch Jaffé Reg. Pont. 7969.
[2] Nicetas VII. 6 p. 278.
[3] Hugonis Eteriani De heresibus, quae Graeci in Latinos de-
volvunt etc. Bibl. max. Patr. Lugdunensis XXII. 1199. Hugos Ar-
gumente werden unterstützt durch die gerade in Byzanz weilenden
Kardinäle Hubald von Ostia, Bernhard von Porto, Joannes von St.
Joannes und Paul; ob hier die Gesandschaft der Jahre 1166—1167
gemeint ist, als deren Träger Boso Hubald von Ostia und Kardinal
Joannes angibt, habe ich nicht feststellen können.
[4] Joannes Veccus bei Migne CXLI. p. 298. Andronicus lässt
den Kaiser den lateinischen Kardinälen gegenüber das griechische

Der eifrigste Widersacher aber der Lateiner war der Patriarch Michael Anchialis. Er trat dem Kaiser entgegen, als dieser eine verfassungsmässige Einigung der beiden Kirchen herzustellen suchte. Schon im Jahre 1166 hatten zwischen Rom und Byzanz Verhandlungen Statt gefunden. Der Erzbischof von Benevent ging als Gesandter der Kurie nach Konstantinopel [1]. In diesem oder im folgenden Jahre versprach Manuel dem Papste, gegen Krönung mit der römischen Kaiserkrone die griechische und abendländische Kirche unter römischem Primat zu verbinden und ganz Italien dem römischen Stuhle zu unterwerfen [2]. Alexander zögerte darauf einzugehen, doch schickte er den Bischof von Ostia und den Kardinal Johannes von S. Johannes und Paul nach Byzanz, um die Verhandlungen fortzusetzen. Ende des Jahres 1167 erneuerte Manuel sein Anerbieten [3]; diesmal gab der Papst eine abschlägige Antwort: *obviantibus sanctorum statutis*, sagt der Biograph Alexanders; Cinnamus [4] dagegen behauptet, die Verhandlungen seien an Alexanders Forderung, Manuel solle seine Residenz nach Rom verlegen, gescheitert — ein Ansinnen, welches Alexander wohl gestellt haben mag, denn es kam thatsächlich einer Abweisung der griechischen Anträge gleich.

In dieser Zeit wird wohl der Dialog geschrieben sein, in welchem der Patriarch Michael Anchialis [5] in einer

---

Dogma verfechten. Ueber diesen Streit findet sich eine Nachricht in Arnold Chron. Slavorum MS. XXI. 119. Auf dem Kreuzzuge Heinrichs des Löwen disputirt sein Begleiter, der Bischof von Worms zu Gunsten der lateinischen Lehre und erntet den Beifall des Kaisers und der griechischen Geistlichen.

[1] Ughelli Italia sacra VIII. 1 p. 119. „ex instrumento quodam monasterii sancti Victorini."

[2] Vita Alexandri. Watterich II. 403. Die griechischen Gesandten treffen den Papst noch in Rom, wo er bis Juli 1167 bleibt. Aus der Vita Alexandri lässt sich nicht ersehen, ob 1166 oder 1167 gemeint ist.

[3] Watterich II. 410; Romuald v. Salerno MS. XIX. 436. Die Datirung ergibt sich aus Jaffé Reg. 7608. Brief Alexanders vom 3. Januar 1168, in welchem er seine Gesandten auf der Durchreise in Ragusa empfiehlt.

[4] Cinnamus VI. 4 p. 262.

[5] Michael Anchialis folgte dem Patriarchen Lukas, der noch auf der Synode von 1166 fungirt. Michael lässt sich nachweisen 1170—1171.

Disputation mit dem Kaiser diesen als eifrigen Förderer
des Unionsgedankens, sich selbst als schroffen Widersacher
einführte. Der Papst und das von ihm angemasste Primat
wurde hier auf das heftigste angegriffen [1].
Manuel gab die Verhandlungen mit der Kurie nicht auf.
Im Jahre 1170 schickte er eine Gesandschaft zu Alexander,
welche eine Nichte des Kaisers Leo Frangipani, dem getreuen
Schützer Alexanders, als Braut zuführen sollte [2]. Noch in
seinem letzten Lebensjahre bot Manuel dem Papste eine Verständigung über die Union der Kirchen an [3].

Auf dem Laterankonzil von 1179 [4] freilich verfocht der
Metropolit Georgios, der als Abgesandter der griechischen
Kirche erschienen war, mit aller Schroffheit deren orthodoxen

Leunclavius Jus Graeco-roman. 227. Die Berechnung von Le Quien
Oriens Christianus I. 270, wonach Michael Anchialis im J. 1169
gewählt worden sei, beruht auf der falschen Voraussetzung, dass die
Vermählung Manuels mit Maria von Antiochien am 25. Dezember 1167
stattgefunden habe. (S. Excurs II.) Den von Le Quien citirten Kata-
log des Nicephorus Calixtus habe ich nicht auffinden können.
    [1] Ueber den Dialog des Michael Anchialis vergl. das Citat bei
Allatius De ecclesia occidentalis atque orientalis perpetua consensione
II. 12 p. 664—665 und II. 3 p. 526—527. — Allatius benutzt einen
Schriftsteller, der den Dialog vor Augen hat und aus ihm Citate anführt. Ueber diesen Schriftsteller habe ich nichts näheres in Erfahrung
gebracht. Er behauptet, es seien viele römische Bischöfe in Byzanz
erschienen, welche die Anerkennung des römischen Primats, des Appel-
lationsrechts und die Erwähnung des römischen Papstes im Kirchen-
gebet gefordert. — Ein Bericht des Macarius Ancyranus, eines Kirchen-
schriftstellers aus dem 15 Jahrh. (?) (vergl. Le Quien Oriens Christianus I. 472 und Fabricius Bibliotheca Graeca VIII. 36) gibt einen ähnlichen, aber offenbar stark entstellten Bericht (Allatius II. 12 p. 665).
Die in Byzanz anwesenden römischen Kardinäle wollen die Griechen
unter ihre Herrschaft und Sitte zwingen. Darauf ordnet der Kaiser
mit der Synode und dem gesammten Senat die vollständige Trennung
der beiden Kirchen an. Um die Vereinigung in Zukunft unmöglich zu
machen, lässt Manuel die orthodoxe griechische Lehre aufzeichnen,
sodass über zweifelhafte Punkte der beiderseitigen Lehre kein Streit
mehr entstehen konnte.
    [2] Annales Ceccanenses MS. XIX. 280; Oberti Annales MS.
XVIII. 86.
    [3] Bouquet XVI. 975.
    [4] Mansi XXII. 237.

Standpunkt und erwarb sich dadurch Lob und Ehre seiner geistlichen Genossen.

Wir entnehmen aus diesen dürftigen Angaben, dass die Unionspläne Manuels von der Kurie nicht mit der Zuvorkommenheit aufgenommen wurden, die Manuel nach den ersten Verhandlungen mit Alexander wohl erwarten durfte; und dass sie von Seiten der griechisch-orthodoxen Geistlichkeit energischem Widersand begegneten[1], den zu brechen dem Kaiser in einzelnen Punkten gelang, dem er aber doch schliesslich nachgeben musste.

Reuter[2] hat die Motive dargelegt. welche die ablehnende Haltung Alexanders aller Wahrscheinlichkeit nach bestimmt haben: eine Uebertragung der Kaiserkrone an Byzanz hätte jede Möglichkeit der Versöhnung mit Deutschland ausgeschlossen, die nationale Opposition in Deutschland und Italien, politische Antipathien in Oberitalien und Sizilien wach gerufen. Ich möchte im Folgenden zeigen, wie sich die Interessen von Byzanz und Rom trotz scheinbarer Eintracht in den Grenzländern ihres kirchlichen Herrschaftsgebietes entgegenarbeiteten.

In Ungarn[3] hatte sich Manuel unter der Geistlichkeit einen bedeutenden Anhang zu schaffen gewusst: es standen

---

[1] Der Gegensatz Manuels zu der griechischen Geistlichkeit und die Macht, welche diese ihm entgegenstellte, wird noch durch folgende Angaben bezeugt: Cin. VI. 2 p. 254. Eine Verschwörung der byzantinischen Geistlichen gegen Manuel: sie beschliessen, niemand solle künftighin allein mit dem Kaiser reden dürfen. Cin. V. 3 p. 206. Der Metropolit Lukas weigert dem Gaste Manuels, dem Sultan Kirdischlan, den Eintritt in die Sophienkirche. Die Macht des griechischen Klerus wird durch die Thatsache bezeugt, dass Manuel bei seiner Thronbesteigung sich zunächst um die Gunst des Klerus bemüht. Nicetas I. 1 p. 67. vergl. auch Nicet. VII 5 p. 274—275. Klage über Manuels theologischen Eifer: Nicet. II. 3 p. 106. Manuel liess den Patriarchen Cosmas absetzen, weil er mit Alexius gegen den Thron konspirirte. Nach Allatius De consensione 1374 stehen Manuel und Klerus wie Macht zu Macht.

[2] II. 247.

[3] Der Gegensatz des Erzbischofs von Gran zu dem Erzbischof von Caloça tritt an folgenden Stellen zu Tage: Müglen in Kovachich Sammlung kleiner noch ungedruckter Stücke p. 77. Der Erzbischof

sich dort gegenüber: der Erzbischof von Gran, der Vor-
fechter der römischen und zugleich der nationalen Sache in
Ungarn, und der Erzbischof von Caloça, welcher die von
Byzanz aufgestellten Prätendenten unterstützte und eine Eman-
zipation der ungarischen Geistlichkeit vom Stuhle Petri an-
strebte. Im Jahre 1169 gelang es nun der Kurie, den Widerstand der ungarischen Bischöfe zu brechen und von König
Stephan ein Dokument zu erhalten [1], welches die Unterwerfung
der gesammten ungarischen Kirche unter Rom gewährleistete.

von Gran bannt den von Manuel begünstigten König Ladislaus p. 78. «
Stephan IV., der Günstling Manuels, wird von mehreren Bischöfen und
Herrn gekrönt. Unter diesen Bischöfen können wir aus den Zeugen
der Urkunde bei Fejer II. 165—166 den Erzbischof Mico von Caloça
mit seinem Anhang nachweisen. Cin. V. 8 p. 221 sagt ausdrücklich,
dass Manuel bei seinem Einfall in Ungarn von der Geistlichkeit
freudig begrüsst worden sei, und zwar gerade in Sirmium, der
Diöcese des Erzbischofs von Caloça, dessen Hauptstadt Παγάτζιον =
Bachium Manuel besuchte. Dass gerade der Erzbischof von Caloça die
von der Kurie verpönten Missbräuche geübt habe, sagt die Urkunde
Fejer II. 180.

[1] Das Dokument Fejer II. 190 ist in das Jahr 1169, nicht, wie
Reuter III. 489 Anm. 7 annimmt, in das Jahr 1179 zu setzen. Freilich
ist die Synode, die ihm für seine Datirung Schwierigkeit macht, aller
Wahrscheinlichkeit nach eine Erfindung Peterffys, der p. 62 seiner
Sacra Concilia in regno Hungariae angibt, er habe in dem Manuskript
Clar-Otroczi Spuren einer Provinzial-Synode zu Gran gefunden, dann
p. 63 Note eine Stelle aus diesem Manuskript anführt, aus welcher sich
zwar nicht die Thatsache des Konzils, wohl aber der gesammte Inhalt
dessen ergibt, was auf dem Konzil nach Peterffy verhandelt sein soll.
Peterffy entnimmt die Urkunde aus Baronius Ann. eccles., der sie aus
einem vatikanischen Manuskript abschreibt; hier fehlen die bei Fejer
im Eingang der Urkunde ergänzten Anfangsbuchstaben der Erzbischöfe
von Gran und Caloça. Im späteren Verlauf findet sich allerdings der
Erzbischof von Caloça mit dem Anfangsbuchstaben C bezeichnet. Nun
können wir in den Jahren 1176 und 1179 Andreas als Erzbischof von
Caloça nachweisen. Vergl. Fejer II. 183 und Mansi XXII. 217. (Andreas Bahasnensis archiepiscopus = Bachiensis arch.; der Erzbischof
von Caloça wird nach seinem Wohnsitz oft archiepiscopus Bachiensis
genannt z. B. Fejer II. 166. Michon archiep. Bachiensis, Fejer II. 217
Caloçensis sedem habet Bachiensem). Wenn wir annehmen wollten,
dass im Jahre 1179 ein Erzbischof C dem Andreas gefolgt sei, so
könnte ihm nicht, wie in der Urkunde Fejer II. 180 geschieht, der
Missbrauch vorgeworfen werden, den er in der Einsetzung von Bischöfen

Ebenso war es in Venedig[1] die kuriale Partei, welche
Byzanz entgegenarbeitete. Bald nach ihrem Siege und dem
Bruch Venedigs mit Byzanz in den Jahren 1150—52 erwies
sich Rom dankbar, indem es die Metropole über Dalmatien
dem Erzbischof von Spalato entzog und dem Erzbischof von
Zara übertrug[2], welches allein noch in venetianischem Besitz
verblieben war. Im folgenden Jahre wurde der Erzbischof von
Zara durch Hadrian dem Patriarchen von Venedig unterstellt[3].

Im südlichen Dalmatien hielt der Erzbischof von Ragusa treu zur Kurie, aber seine Suffraganbischöfe neigten sich
zum griechischen Ritus. Deshalb hatte schon Anastasius
Bann und Absetzung über sie ausgesprochen[4]. Alexander
bestätigte im Jahre 1167 die Excommunication[5]. Als dann
Ragusa[6] im Jahre 1171 in die Hände der Venetianer fiel,

geübt habe. Vergl. Katona V. 183—195. — Im venetianischen Archiv
befindet sich eine Urkunde Bela III. von 1169 (?) und eine Urkunde
Ladislaus II., angeblich von 1168. Vergl. Valentinelli Regesten zur
deutschen Geschichte Nr. 157—158 in den Abhandlungen der histor.
Klasse der bair. Akademie IX. 428.

[1] Vergl. p. 48.

[2] Bei dieser Gelegenheit erklärte Anastasius die Eroberungen
der Ungarn in Dalmatien für Usurpationen. Dandalo IX. 12 XIII. p. 285
aus der Urkunde Cod. dipl. Croat. et Dalm. II. 52.

[3] Cod. dipl. Croat. et Dalm. II. 54 u. 55. Alexander III. bestätigte
1161 diesen Primat. Jaffé Reg. 7171.

[4] Cod. dipl. Croat. et Dalm. II. 49 im Jahre 1153; nachdem die
Griechen kurz vorher das dalmatische Binnenland erobert hatten.

[5] Cod. dipl. Croat. et Dalm. II. 77 u. 78. Wichtig ist der Brief
an den Erzbischof von Arbania p. 79, der den Gegensatz der Bekennt-
nisse als Ursache des Ungehorsams aufdeckt. Sogar der Erzbischof
von Spalato sollte sich, nachdem Dalmatien von Byzanz erobert war,
dazu bequemen, dem Kaiser von Byzanz zu huldigen. Cod. dipl. Croat.
et Dalm. II. 89. Thom. archidiaconus c. 20 p. 323.

[6] Ueber die Beziehungen Ragusas zu Venedig und Byzanz finden
sich in Engel Geschichte von Ragusa p. 77, 84—85 und bei Luccari
Annali di Rausa p. 21, 22 u. 23 Nachrichten, welche ich nicht kontroliren kann, weil mir die auf die Geschichte Dalmatiens bezügliche
Litteratur nicht zugänglich ist. Engel führt als ältestes ragusanisches
Geschichtswerk eine Hystoria Ragusii von Joannes v. Ravenna an, die
ungedruckt im Cod. Paris. lat. 6494 enthalten sei. Joannes v. Ravenna
ist ein Zeitgenosse und Freund Petrarcas. Vergl. Tiraboschi Storia
della litteratura ital. V. 946. Auf meine Bitte hatte Herr Dr. Bonnet

ging die politische und kirchliche Eroberung Hand in Hand:
sobald die Stadt genommen war, wurde sie dem venetianischen Patriarchen unterstellt [1]. Der Patriarchat von Venedig
scheint die wichtigste Stütze der Kurie in der östlichen Mark
der römischen Kirchenherrschaft zu sein.

So war die Kurie in Ungarn, Dalmatien, Venedig mit
den antigriechischen Elementen verbündet. Byzanz hatte kein
Glück in den Bündnissen, die es mit abendländischen Staaten
zu schliessen bestrebt war: es zeigte sich, dass das griechische Reich sich den Interessen der germanisch-romanischen
Völker allzu sehr entfremdet hatte, um hier eine Stellung
einzunehmen, wie sie der römischen Kaiserwürde ange-
messen war.

§. 11. GRIECHISCHE INTRIGUEN GEGEN VENEDIG.

Wenn es Manuel nicht gelungen war ganz Ungarn zu
unterwerfen, so mochte er die Schuld daran dem deutschen

---

in Paris die Güte, den betr. Codex nachzusehen, in welchem er
auf Fol. 78ʳ—100ᵛ allerdings das citirte Werk fand. Der Codex
enthält bis fol. 88ᵛ nur allgemeine Betrachtungen mit vielen
biblischen und anderen Citaten untermischt. Dann folgt eine Beschreibung der Gegend, der Leute, der Sitten, der Verfassung. Dann
zwei Gründungsgeschichten, die eine aus der grandevorum ratio-
cinatio, die andere aus der hystoria. fol. 98ᵛ u. fol. 99ʳ wirft sich
unus de stirpe familiae unius ut aiunt nomine Juda zum Tyrannen auf.
fol. 99ᵃ wendet sich das Volk(?) an die Venetianer, welche den Tyrannen nach Kreta(?) schaffen, die Freiheit herstellen und ein Bündniss
mit Ragusa schliessen. fol. 100ᵛ Ita igitur per nutum XXX. ferme
annos in Venetorum protectione deguere donec Hunorum (wohl =
Hungarorum) bello premente Veneti abstinuere Dalmatia. Folgt ein
Brief: Egregio militi Rodulfo di Carraria, senioris Francisci nato. Die
hystoria scheint beendigt. Ich glaube aus diesen Notizen, die ich ebensowenig, wie Herr Dr. Bonnet in der Geschichte Ragusas unterzubringen
weiss, schliessen zu können, dass das Werk des Joannes von Ravenna
für unseren Zeitraum keine Ausbeute gewährt. Die Nachrichten bei
Luccari, welche Engel auf Joannes von Ravenna zurückführen wollte,
müssen einem andern Gewährsmann angehören. Ich sage Herrn Dr.
Bonnet auch an dieser Stelle meinen ergebensten Dank für die mir so
liebenswürdig geleistete Hülfe.

[1] Dandalo IX. 15 XXIV. p. 204.

Kaiser zuschreiben, der ihm hier durch den König von Böhmen
und dann durch den Herzog von Oesterreich Widerstand geleistet hatte. Aber die Griechen wussten die eroberten Provinzen festzuhalten; Manuel konnte ihren Schutz getrost seinen
Feldherrn überlassen: alle Bemühungen der Ungarn sie zu-
rückzugewinnen wurden abgewiesen. Der Griechenkaiser
mochte damals darauf rechnen, durch Bela, den er zu seinem
Nachfolger in Byzanz bezeichnet hatte und der Stephans
Nachfolger in Ungarn werden konnte, die beiden Reiche auf
friedlichem Wege zu einigen [1]. Da richteten sich seine Blicke
wieder über Ungarn hinaus, seine alten italienischen Erobe-
rungspläne traten in den Vordergrund.

Den Unterhandlungen mit Alexander III. ging ein neuer
Versuch zur Seite auf italienischem Boden Fuss zu fassen.
Wie in den Jahren 1150—51 und 1156—57 schickte Manuel
eine griechische Besatzung nach Ancona [2]. Die Stadt wurde
wohl auch diesmal nicht eigentlich den Griechen unterworfen [3].
Sie mag einen ähnlichen Vertrag abgeschlossen haben, wie
Ravenna im Jahre 1158 [4], oder auch in festen bindenden
Formen, wie später Genua im Jahre 1169 [5]. Wenn so auch
die Anconitaner ihre Unabhängigkeit wahrten, — sie waren

---

[1] Cinnamus V. 5 p. 214—215.

[2] Wann diese Besetzung Anconas erfolgte, lässt sich nicht feststellen; im Jahre 1159 bezeugt eine Inschrift die Herrschaft des deutschen Kaisers in Ancona. Saracini Notizie historiche d'Ancona 119.
Wenn aber im Jahre 1167 der Angriff Friedrichs auf Ancona, der Bruch
von Venedig mit Byzanz, im folgenden Jahre der Krieg Venedigs
gegen Ancona zusammentreffen, so liegt die Vermuthung nahe, dass
die Besetzung im Jahr 1167, oder doch nicht viel früher erfolgt ist.

[3] Allerdings sagt die vita Alexandri (Watterich II. 402) quia
imperator Graecorum civitatem ipsam detinebat per violentiam occu-
patam. Aber in dem ausführlichen Bericht, den Boncompagni (s. p. 94
Anm. 1) von der späteren Belagerung Anconas im Jahre 1171 gibt, erfahren
wir nichts von einer Herrschaft des griechischen Kaisers. Die Anconitaner handeln durchaus selbständig, die griechischen Gesandten erscheinen als die Vertreter einer nahe verbündeten Macht. Nicetas
VII. 1 p. 264 rühmt die Bundestreue der Anconitaner, die freilich mit
Gold bezahlt worden sei.

[4] Siehe p. 66.

[5] Siehe p. 77.

doch durch das Versprechen, die griechische Besatzung und das griechische Geld gegen Jedermann zu schützen, thatsächlich an Byzanz gefesselt. Eine spätere Quelle [1] sagt, die Griechen seien geschickt worden, um einige italienische Städte zu gewinnen und die Bürger und ihr Gut unter griechische Lehnshoheit zu bringen. Diese Angabe, mag sie auch formell ungenau sein, gibt doch die wahren Absichten Manuels wieder. Friedrich war sich der Grösse der Gefahr bewusst, die ihm von den Griechen drohte. Während er im Frühjahr 1167 Reinald von Dassel und Christian von Mainz gegen Rom schickte, rückte er selbst vor Ancona [2]. Drei Wochen lang hielten die Anconitaner, von den Griechen unterstützt, die Belagerung des deutschen Heeres aus, schliesslich wurde ein Vertrag geschlossen, nach welchem sie den Abzug des Kaisers durch Geld erkauften [3].

Die Festsetzung der Griechen in Ancona brachte auch jetzt wieder wie im Jahre 1152 Zwietracht zwischen Byzanz und Venedig [4].

Allerdings war sie nicht die einzige Ursache des Konflikts. Als die Griechen im Jahre 1165 die dalmatischen Seestädte besetzten, mag dieser Schritt, durch welchen sie anerkannte venetianische Besitzungen für sich in Anspruch nahmen [5],

---

[1] Boncampagni De obsidione Anconae Muratori SS. VI. 938.

[2] Alexandri vita. Watterich II. 402. Romuald v. Salerno MS. XIX. 436. Anonymi Laudensis continuatio MS. XVIII. 646. Otto von S. Blasien 430; vergl. Varrentrapp Christian von Mainz p. 28 ff.

[3] Die Annales Cameracenses MS. XVI. 539 behaupten, die römische Pest, welche im Jahre 1167 das deutsche Heer heimsuchte, sei durch die List von Griechen veranlasst, die der Kaiser den Römern zu Hülfe geschickt. Sie hätten drei Schiffe mit vergiftetem Brod in die Hände der Deutschen kommen lassen. Diese Sage ist ein Zeugniss dafür, wie sich die Deutschen und Griechen ihres Gegensatzes bewusst waren.

[4] Prutz II. 224 sagt, der Bruch zwischen Byzanz und Venedig sei durch pisanische Intriguen bewerkstelligt worden. Ich habe mich vergeblich bemüht, einen Beleg hierfür ausfindig zu machen.

[5] Cin. V. 17 p. 249 erzählt, dass die Griechen ganz Dalmatien, dessen Städte er einzeln aufzählt, erobert hätten. Wir können im J. 1166 einen Griechen Isaacius als dux Dalmatiae atque Diocliae nachweisen. Cod. dipl. Croat. et Dalm. II. 73. Dennoch betrachtet Dandalo IX. 15 XV. p. 292 die Rückeroberung der dalmatinischen See-

in Venedig lebhafte Erbitterung erzeugt haben; dennoch führte Venedig noch im Jahre 1167 als diplomatische Vertreterin des Lombardenbundes Verhandlungen mit Byzanz [1]. Sollte thatsächlich, wie Dandalo berichtet [2], der Bruch mit

städte durch die Ungarn im J. 1168 als einen feindseligen Schritt gegen Venedig: amicitiam fingens — rex autem, quod in corde conceperat evomens Spalatum etc. obtinuit. Man könnte aus dieser Stelle vielleicht schliessen wollen, dass im Jahre 1165 die dalmatinischen Städte nicht an Byzanz, sondern an Venedig abgetreten worden seien, dass sonach der prahlerische Cinnamus aus Dandalo zu korrigiren sei. Der Titel des Isanacius würde dieser Annahme nicht widersprechen, wenn wir unter Dalmatien das dalmatinische Binnenland verstehen, wie es Cinnamus zu thun pflegt. Wenn derselbe aber VI. 4 p 263 berichtet, dass Nicephorus Chuluphes, der Statthalter Manuels in Dalmatien, Spalato verlässt, um den Ungarn entgegenzuziehn, so scheint mir hierin der Beweis zu liegen, dass mindestens Spalato griechisch war. Wir mögen dem Cinnamus schon zutrauen, dass er in der Aufzählung der griechischen Eroberungen den Antheil der Venetianer übergeht, wenn er aber gelegentlich und absichtslos zu erkennen gibt, dass der griechische Statthalter in Spalato residirt, können wir diese Nachricht nicht bezweifeln. Es bleibt nichts anderes übrig, als anzunehmen, dass Dandalo von der irrigen Voraussetzung ausgeht, dass Dalmatien im Besitz der Venetianer gewesen sei. Wir haben wahrscheinlich das Bündniss zwischen Ungarn und Venedig im Dezember 1167 als gegen Byzanz gerichtet anzusehen. Der Irrthum Dandalos würde sich dann so erklären, dass in seiner Quelle eine Klage gestanden hat über die Treulosigkeit der Ungarn; diese Treulosigkeit bestand aber nicht in der Eroberung Dalmatiens, sondern entweder darin, dass sie einen, in jenem Vertrage bedungenen Antheil Venedigs an dem eroberten Lande nicht auslieferten, oder darin, dass sie den Abfall Zaras, welches seit langer Zeit venetianisch war, begünstigten.

[1] Vignati Storia della lega Lombarda 143.

[2] Dandalo I. 15 XV. p. 292 erzählt, Manuel habe gefordert, dass ihm die Venetianer Hülfe gegen Sizilien leisteten. Der Krieg zwischen Sizilien und Byzanz sei dadurch veranlasst worden, dass Manuel die Verlobung seiner Tochter Maria mit dem jungen König von Sizilien rückgängig gemacht habe. Da nun die Venetianer Hülfe gegen Sizilien geweigert, hätten sie sich mit Manuel verfeindet. — Die Nachricht ist in den Einzelheiten nicht richtig. Die Auflösung der Verlobung zwischen Maria und König Wilhelm fällt in das Jahr 1172, also in eine Zeit, da Byzanz schon lange im Krieg mit Venedig stand. Unter diesem Jahre findet sich die Thatsache bei Romuald v. Salerno MS. XIX. 439 erzählt. Das Datum wird durch folgende Erwägung gesichert. Manuel

den Griechen schliesslich dadurch herbeigeführt worden sein,
dass die Venetianer sich weigerten auf ein Bündniss gegen
Sizilien einzugehen. so war diese Weigerung nicht die Ursache, sondern nur der Anlass des Konfliktes: sie brachte
den schon vorhandenen Gegensatz, der durch das Vorgehen
der Griechen in Dalmatien und Ancona hervorgerufen worden
war, zur vollen Klarheit.

Im Dezember 1167 verliess die letzte griechische Gesandschaft Venedig [1]. Am Tage nach ihrer Abfahrt traf eine
ungarische Gesandschaft ein und schloss ein enges Freund-
schaftsbündniss mit den Venetianern, die so lange mit den
Ungarn um den Besitz von Dalmatien gehadert hatten. Jetzt
da Dalmatien in griechischen Händen war, vereinigten sich

hatte seine Tochter früher mit Bela, dom Bruder des Königs Stephan
von Ungarn verlobt. Dieses Verlöbniss hat der Kaiser aufgelöst, nachdem ihm im Sept. 1169 ein Sohn geboren wurde. Als derselbe kaum
drei Jahre alt war, liess ihn Manuel zu seinem Nachfolger krönen
(vergl. Brief Alex. III. Bouquet XV. 925 vom August 1172). Alexius
war noch nicht drei Jahre alt, als Alexander den Brief schrieb. Vergl.
Codinus Annorum et impp. series 159). Bald nach dieser Krönung,
also im J. 1172, so erzählt Nicetas III. 4 p. 147, habe Manuel Maria
mit König Wilhelm von Sizilien zu vermählen beabsichtigt. — Vergl.
Heyd Geschichte des Levantehandels I. 230, der Dandalos Nachricht
schon auf Grund der Stelle Romualds verwirft. Immerhin, wenn auch
die Begründung Dandalos hinfällig ist, mag die Nachricht richtig sein,
dass sich die Venetianer Ende 1167 geweigert haben, auf ein Bündniss
gegen Sizilien einzugehen. Auch das Chronicon Altinate (Archivio
stor. VIII. 163 et cum non posset illos juxta desiderium suum trahere)
spricht von einer Weigerung der Venetianer, auf griechische Anerbietungen einzugehen, als Anlass des Konfliktes. — Giesebrecht ist im
Irrthum, wenn er p. 271 von einer Vermählung zwischen Bela und
Maria spricht. Die Vermählung wurde nicht vollzogen. (Vergl. Du
Cange Familiae Byzantinae 155). Nach Cin. V. 5 u. 6 p 215 sollte
man annehmen, dass sie schon im J. 1163 oder 1164 Statt gefunden,
aber um diese Zeit war Maria erst 10 Jahre alt. (Vergl. Cin. III. 11
p. 118 und dazu den Exkurs II.) Cinnamus VI. 11 p 287 sagt, die
Verwandschaft Belas mit Maria sei das Ehehinderniss gewesen. Nicetas
V. 9 p. 221 nennt Bela den μνήστωρ d. h. den Bräutigam der Maria;
vergl. auch Nicetas III. 4 p. 147 und IV. 1 p. 167, wo überall nur die
Absicht der Vermählung vorausgesetzt ist.

[1] Kleine venet. Annalen N. A. I. 405 zu 1167. Chron. Altinate
Arch. stor. VIII. 163. Dandalo IX. 15 XIV. p. 291.

die früheren Feinde in dem Gegensatz gegen Byzanz. Die Ungarn vertrieben die Griechen aus Dalmatien [1]. Der Doge verbot den venetianischen Kaufleuten, das griechische Reich zu betreten [2], und liess Ancona, das in den Händen der Griechen war, mit Krieg überziehen [3]. Aber die Ungarn hielten an dem Vertrage nicht fest, den sie mit Venedig geschlossen hatten, denn als die Stadt Zara, welche bisher unter venetianischer Herrschaft gestanden, zu ihnen abfiel, nahmen sie ihre Unterwerfung an.

Seitdem Manuels Unterhandlungen mit Alexander gescheitert waren, scheint das wesentliche Interesse der griechischen Politik auf die Bekämpfung Venedigs gerichtet gewesen zu sein. Die Erwerbung Ungarns stand in ungewisser Zukunft: mit Gewalt der Waffen war den Griechen die Eroberung nicht geglückt. Der Plan einer Unterwerfung Italiens von Ancona aus schien noch am meisten Erfolg zu versprechen. Ein Krieg gegen Sizilien war aber so lange aussichtslos, als sich Byzanz nicht der Hülfe der venetianischen Seemacht versichert hatte. Da nun Manuel in seinen anconitanischen Plänen den beharrlichsten Widerstand von Seiten Venedigs zu erwarten hatte so musste es ihm vor allem darauf ankommen, Venedig seiner Herrschaft zu unterwerfen oder doch seinem Willen zu zwingen. Im Norden durch Dalmatien, im Süden durch Ancona zwischen griechischen Besitzungen eingeschlossen, konnte es von zwei Seiten durch griechische Heere angegriffen werden. Zunächst suchte Manuel durch diplomatische Intriguen und heimtückische Gewaltthat die Machtstellung Venedigs zu untergraben.

Im Oktober 1169 ging er mit Genua den schon er-

---

[1] Dandalo IX. 15 XIX. p. 292.

[2] Dandalo IX. 15 XIV. p. 291. Das Verbot wird auch in der Darstellung des Chron. Altinate stillschweigend vorausgesetzt, wenn später Arch. stor. VIII. 163 erzählt wird, dass der Doge den Venetianern die Erlaubniss gibt, wieder nach Byzanz zu gehen; freilich hat der nachlässige Autor kurz vorher p. 163 behauptet, dass die Venetianer ihren Handel nach Byzanz bis 1171 unbehindert geführt haben.

[3] Dandalo IX. 15 XVII. p. 292. Cronaca di Marco Arch. stor. VIII. 259. Kleino venet. Annalen N. A. I. 405 zu 1168.

wähnten Vertrag ein[1], der diese Stadt, ähnlich wie Ancona,
in Abhängigkeit von Byzanz bringen sollte. Im folgenden
Jahre wurde auch mit Pisa ein Schutz- und Trutzvertrag abgeschlossen[2]. Es waren immer dieselben Wege, welche die
griechische Politik gegen Venedig einschlug.
Um Venedig zu vernichten, scheint Manuel sogar einen
Bund mit Deutschland angestrebt zu haben. Vor dem Bruche
mit Venedig hatte die griechische Politik mit den ihr eigenthümlichen Waffen den Kampf gegen Deutschland fortgeführt.
Der lombardische Bund erhielt Subsidiengelder von Manuel[3];
griechisches Geld, so berichtet wenigstens Nicetas, wurde
zum Wiederaufbau Mailands beigesteuert[4]. Die Verträge mit
Pisa und Genua waren ausdrücklich gegen Deutschland gerichtet, wenn sie auch nicht minder Venedig zu schädigen
bestimmt waren[5]. Bald aber hören wir von Verhandlungen
zwischen Byzanz und Deutschland, und die Vermuthung liegt
nahe, dass Manuel sich jetzt auch um Friedrichs Beistand
gegen Venedig beworben habe. Hatte er ja auch früher,
obgleich die Grundrichtung seiner Politik stets gegen Deutschland gerichtet war, sich nicht gescheut, um die Hülfe Deutschlands zu werben, wenn es die Normannen und die Ungarn
zu bekämpfen galt, deren Widerstand vorher zu überwinden
war, ehe er sich gegen seinen eigentlichen Gegner wenden
konnte[6]. Im Jahre 1170 war Christian von Mainz[7] als deutscher
Gesandter in Konstantinopel; im folgenden Jahre erschienen
griechische Gesandte in Köln, um wegen eines Verlöbnisses

[1] Vergl. p. 77 und p. 93. Der Vertrag wurde geschlossen im
Oktober 1169. Liber jur. Genuens I. 253—254.
[2] Documenti sulle relazione delle città Toscane coll' Oriente 54.
[3] Vignati Storia della lega Lombarda 143.
[4] Nicetas VII. 1 p. 261.
[5] Vergleiche die Citate bei Anmerk. 1—2.
[6] Dafür, dass die Initiative zu den Verhandlungen von Byzanz
und nicht von Deutschland ausging, spricht der Umstand, dass die
Verhandlungen später nur zum Schein von Deutschland fortgeführt
wurden. Arnold Chronica Slavorum MS. XXI. 117 sagt ausdrücklich,
dass es Friedrich mit dem Heirathsprojekte nicht Ernst war. Also ist
es doch wahrscheinlich von Manuel aufgebracht worden.
[7] Varrentrapp Christian von Mainz 42 u. 133.

zwischen Manuels Tochter[1] und Friedrichs Sohn zu verhandeln. Unterdessen hatten die Griechen Dalmatien zurückerobert[2]: Hier waltete Konstantinus Sebastus als dux Dalmatiae et Croatiae mit demselben Titel, den der venetianische Doge schon seit dem 11. Jahrhundert führte. Jetzt war es an der Zeit, den entscheidenden feindseligen Schlag gegen Venedig zu führen. Durch trügerische Versprechungen[3] erwirkte Manuel, dass das Verbot des Dogen, welches allen Venetianern den Verkehr nach Byzanz untersagte, aufgehoben wurde. Als dann die venetianischen Kaufleute sich wieder in Byzanz niedergelassen hatten, liess er an Einem Tage sämmtliche in seinem Reiche weilenden Venetianer gefangen nehmen[4] und ihre Güter konfisziren. Diese That hatte einen langjährigen Krieg zwischen Venedig und Byzanz zur Folge.

§. 12. LETZTE VERHANDLUNGEN BIS ZUM VENETIANER
FRIEDEN.

Die Anerbietungen Manuels scheinen in Deutschland sehr kühl aufgenommen worden zu sein. Friedrich hatte um

---

[1] Es ist Maria, die früher mit Bela verlobt war. Manuels zweite Tochter starb spätestens im J. 1164. Cin. V. 1 p. 202.

[2] Dandalo IX. 15 XIX. p. 292. Lucius 128 führt eine Urkunde von 1170 oder 1171 an, in welcher Constantinus Sebastus als dux Dalmatiae et Croatiae erscheint.

[3] Nach dem Chron. Altinate Arch. stor. VIII. 103 hat ihnen Manuel das Monopol des byzantinischen Handels versprochen: quibus Romaniam dare proposuerat ut ipsi soli uterentur illa.

[4] Cin. VI. 10 p. 282 sagt, das Motiv dieser Gefangennahme sei erstens der Uebermuth der Venetianer gewesen, zweitens der Streit der Venetianer mit den Lombarden (= Ligurer Cin. I. 4 p. 10 *ἵν Λιγούρων ἱππέων οὕς Λωμπάρδους ἡμῖν ὀνομάζουσιν* = Genuesen). Die Venetianer zerstören die Häuser der Genuesen. Manuel zieht sie deswegen vor sein Gericht zur Verantwortung: Die Venetianer weigern sich, die Häuser wiederaufzubauen und Schadenersatz zu leisten; sie erinnern drohend an ihre Erfolge unter Kaiser Johannes. Dieses habe Manuel dermassen aufgebracht, dass er die Massregel verfügt habe. Die Genuesen sagen selbst (Sauli Della colonia dei Genovesi in Galata II. 185 occasione ejus rapinae curia omnem pecuniam Venetorum copit, cum non culpabiles essent) dass die Venetianer nicht Schuld gewesen

so mehr Ursache dem Griechen zu misstrauen, da er wusste,
dass dieser in Italien[1] und Deutschland Verbündete zu werben
bemüht war. Manuel hatte im Vertrauen auf die in Byzanz
wohlbekannte Eifersucht zwischen Friedrich und Heinrich dem
Löwen[2] schon früher mit dem Sachsenherzog Verbindungen
angeknüpft[3]. Als Heinrich dann im Jahre 1172 eine Wallfahrt nach Jerusalem antrat, waren zu diesem Entschluss vielleicht politische Motive wirksamer, als religiöse. Sein Aufenthalt in Byzanz bot ihm Gelegenheit zu einer engeren Verbindung mit Manuel; wahrscheinlich wollte er sich auch an
Ort und Stelle von der Leistungsfähigkeit des griechischen
Reiches überzeugen. Ob Friedrich von den Absichten Heinrichs unterrichtet war, lässt sich nicht entscheiden.

Er schickte den Bischof Konrad von Worms in der
Begleitung des Herzogs als kaiserlichen Gesandten an Manuel;
wie die welfische Tradition[4] berichtet, habe Konrad zum
Scheine über die Vermählung von Friedrichs Sohn mit der
Tochter Manuels verhandeln sollen; thatsächlich sei er geschickt
worden, um dem Sachsenherzog eine günstige Aufnahme am
griechischen Hofe zu sichern. So mag Friedrich Heinrich
dem Löwen gegenüber die Gesandtschaft motiviert haben;
dies schliesst natürlich nicht aus, dass er noch einen geheimen
Auftrag hatte: vielleicht sollte er die Verhandlungen Heinrichs mit Manuel überwachen. Jedenfalls hatte Friedrich
später Kunde von einer Verschwörung des Herzogs mit den
Griechen gegen Kaiser und Reich[5]: es war dieses einer der
wesentlichsten Vorwürfe, die er vor dem Kampfe mit Heinrich gegen denselben erhob. Dass eine solche Verschwörung

seien an der Beraubung, vielmehr erhoben sie von den Griechen Anspruch auf Schadenersatz.

[1] Auf einem Wormser Reichstago des Jahres 1172 beklagte sich
Friedrich, dass die rolandinische Partei in Italien den Griechen die
römische Kaiserkrone zu verschaffen beabsichtige. Annales Colonienses
ed. Waitz 121. Vergl. auch den Brief Friedrichs in Excurs V.

[2] Cin. VI. 11 p. 286.

[3] Helmold Chron. Slavorum MS. XXI. 91.

[4] Arnold Chron. Slavorum MS. XXI. 117.

[5] Benedictus Petroburgensis ed. Stubbs 249. Praeterea imperator
ipse dicebat, quod idem dux profectus fuerat ad Manuelem imperatorem
Constantinopolitanum in detrimentum ipsius et imperii Romani.

statt gefunden habe, wird uns auch anderweitig bezeugt [1]; aber über die näheren Absichten der Verbündeten und über die Folgen ihrer Verabredungen sind wir nicht unterrichtet. Vielleicht hat das Vertrauen auf griechische Hülfe noch im Jahre 1176 den Herzog zu dem entscheidenden Schritt ermuthigt. Wir würden dann der Politik Kaiser Manuels eine tiefeingreifende Wirkung auf die wichtigsten Geschicke Deutschlands zuschreiben müssen.

Ueber den Erfolg der Gesandtschaft Konrads von Worms behauptet Cinnamus [2] zwar, es sei eine vollständige Versöhnung zwischen den beiden Herrschern erreicht worden, jedenfalls aber merken wir nichts von den Folgen dieser Versöhnung, denn schon im Jahre 1173 stehen sich Deutsche und Griechen bei Ancona gegenüber.

Ancona hatte jetzt zum dritten Mal [3] seit 40 Jahren eine Belagerung durch ein deutsches Heer zu bestehen. Die Bevölkerung, welche anfangs die Griechen mit Misstrauen be-

---

[1] Continuatio Cremifanensis (der Melker Annalen) MS. IX. 546 zu 1172. Henricus dux Bavariae et duo palatini Jerus. tendunt. Henricus dux contra regnum jurat. Das Letztere wird von dem Herausgeber ohne Grund auf Heinrich von Oesterreich bezogen. Vergl. auch Gottfried v. Viterbo MS. XXII. 232. Es liegt nahe eine Stelle aus dem in Exkurs V. abgedruckten Briefe Friedrichs auf Heinrich den Löwen zu beziehen. Der Brief ist 1177 geschrieben, also unmittelbar nach dem Bruche mit Heinrich dem Löwen. Friedrich schreibt: Mirari vero non sufficimus, quod dum fraternum amorem nobis promittis per nuntios et per pecuniam tuam fideles imperii nostri a nostro servitio et fidelitate avertere niteris. — Diese bisher nicht beachtete Thatsache bestätigt die Auffassung Philippsons über das Verhältniss Heinrichs des Löwen zu Friedrich gegenüber der Darstellung bei Prutz, in welcher die Felonie Heinrichs des Löwen ganz unvorbereitet eintritt. Allerdings hat Philippson das richtige Verhältniss nur geahnt, nicht quellenmässig begründet. Auch Philippson II. 172 vermuthet, dass Konrad von Worms Heinrich dem Löwen als Spion mitgegeben sei. — Wenn wir später Heinrich den Löwen häufig am Hofe des Kaisers verkehren sehen, so wird man daraus wohl schliessen müssen, dass Heinrich viel daran gelegen war, seine Pläne geheim zu halten, während andererseits der Kaiser ein Interesse haben mochte, sein Misstrauen zu verbergen.

[2] Cin. VI. 11 p. 286.

[3] Die erste von Lothar im J. 1137. Vergl. Giesebrecht IV. 129.

handelt hatte, erscheint jetzt eng mit ihnen verbündet.
Die Byzantiner [1] rühmen selbst die Standhaftigkeit, mit
der die Anconitaner alle Leiden einer schweren Belagerung
im Dienste des Kaisers erduldeten, aber ihr Motiv, wird
hinzugefügt, sei Habsucht gewesen, nur das griechische Geld
habe sie an Byzanz gefesselt. Christian von Mainz forderte
die Auslieferung des griechischen Gesandten, der sich mit
einer grossen Summe Geldes in der Stadt befand. Sie wurde
abgeschlagen, und nun begann eine sechsmonatliche Belagerung [2]. Vor Ancona finden wir merkwürdiger Weise die Venetianer mit den Deutschen verbündet; der venetianische Chro-
nist sagt [3], seine Landsleute hätten Christian von Mainz unterstützt, nicht um diesem eine Gefälligkeit zu erweisen, sondern
um das verhasste Ancona zu vernichten. Dennoch legte die
Kampfgemeinschaft vor Ancona den Grund zu dem Vertrage
zwischen Deutschland und Venedig, der im folgenden Jahre
abgeschlossen wurde [4]. Diese Parteinahme Venedigs ist um
so auffallender, als es eng mit dem lombardischen Städten verbündet war, und aus der Lombardei ein durch griechisches
Geld geworbenes Entsatzheer heranzog, das Christian zur Auf-
hebung der Belagerung zwang. Wir sehen, dass Venedig
gleichsam wider Willen dazu gedrängt wird, sich mit Deutschland gegen Byzanz zu vereinigen.

Noch einmal schickte Byzanz im Juni 1174 [5] eine Gesandschaft nach Deutschland, welche über die Vermählung der
beiden Kaiserkinder verhandeln sollte. Das Projekt kam nicht
zur Ausführung, im Gegentheil musste Alexander bei den
Friedensverhandlungen des Jahres 1175 die Bedingung auf-
stellen, dass sich Friedrich gleichzeitig auch mit Byzanz versöhne [6].

---

[1] Nicetas VII. 1 p. 264.
[2] Varrentrapp Christian von Mainz 59).
[3] Dandalo X. 1 VI. p. 299.
[4] Dandalo X. 1 VII. p. 299.
[5] Die Gesandten erschienen iu Regensburg. Annales Colonienses
ed. Waitz 125.
[6] ML. II. 144. Stumpf 4165 zu Juli 1174. — In der Urkunde,
die wahrscheinlich in den Juli 1174 zu setzen ist, beklagt sich Friedrich, dass die rolandinische Partei in Italien Griechenland auf ihro
Seite gebracht habe.

Manuel aber wandte sich jetzt dem Orient zu, es mochten ihm an der Ausführbarkeit seiner occidentalen Pläne wohl Zweifel gekommen sein. Venedigs Machtstellung hatte er nicht zu erschüttern vermocht: es gelang dem Dogen einen Theil von Dalmatien zurückzuerobern [1]; und während Venedig durch einen Vertrag mit Rimini den anconitanischen Handel lahm legte [2], schloss es mit Sizilien einen Bund gegen Byzanz ab [3]; zugleich knüpfte es mit den stets unruhigen Serben [4] Verbindungen an. Aus schweren Verlusten, welche griechischer Verrath, Seuchen und Bürgerkrieg gebracht hatten, stieg die stolze Seestadt in energischer Anspannung ihrer Kräfte empor.

Die Verbindungen Manuels mit Genua und Pisa hatten ihm wenig Vortheil gebracht. Genua hatte schon ein Jahr nachdem es den Vertrag mit Byzanz geschlossen, seine Politik gewechselt und das Geld abgewiesen, das ein griechischer Gesandter überbringen sollte [5]. Mit Sizilien hatte sich Manuel verfeindet; die Hoffnungen, die er auf eine friedliche Vereinigung von Ungarn und Byzanz gesetzt haben mochte, waren durch die Geburt eines Thronfolgers gegenstandlos geworden. Es war ihm nur gelungen, Ungarn dadurch an sein Interesse zu fesseln, dass sich König Bela eidlich verpflichtete, dem Kaiser treu zur Seite zu stehen [6].

Manuel suchte nun einen Vorwand für einen Eroberungskrieg im Orient; obgleich Kilidsch-Arslan von Ikonium ihm Bewilligung aller seiner Forderungen anbot, erklärte Manuel, die Unterwerfung des Sultans nur in Ikonium entgegennehmen zu

---

[1] Spalato ist griechisch. Im Jahre 1174, 1176, 1178, 1180 Cod. dipl. Croat. et Dalm. 63, 225, 96, 104, 107, 112—113. — Trau, 1171 von Venedig erobert, ist venetianisch 1174—1178 Cod. dipl. Croat. et Dalm. 92, 102. 1180 scheint es griechisch zu sein, Katona IV. 273. — Zara lässt sich 1172, 1175, 1177 als venetianisch nachweisen, Cod. dipl. Croat. et Dalm. 90, 94, 97. Wahrscheinlich war auch Ragusa venetianisch, 1171 erobert.

[2] Dandalo X. 1 XV. p. 301.

[3] Tafel und Thomas Urkunden z. Handelsgeschichte Venedigs I. 173.

[4] Cin. VI. 11 p. 286.

[5] Oberti Annales MS. XVIII. 86 u. 91.

[6] Cin. VI. 11 p. 287.

wollen. Bei Myriokephalon kam es zur Schlacht. Das griechische Heer wurde in den Engpässen aufgerieben, kaum rettete Manuel das Leben. Von diesem Schlage hat er sich nicht wieder erholt, seine Kraft war gebrochen [1]. Zugleich nahmen die Dinge in Europa eine Entwickelung, welche die Verwirklichung von Manuels Plänen unmöglich machte. Seine Politik war gebaut auf den Zwiespalt der europäischen Mächte, vor allem auf den Gegensatz der Kurie zum deutschen Reiche. In demselben Sommer, da in Asien die Niederlage Manuels entschieden wurde, erlag Friedrich in der Schlacht von Legnano dem Heere der Lombarden. Seitdem wurden zwischen Friedrich und Alexander Verhandlungen geführt, die im venetianischen Frieden zum Abschluss kamen.

Manuel scheint an dem venetianischen Frieden nicht betheiligt gewesen zu sein. Allerdings forderte Alexander noch im Oktober 1176 [2], dass Friedrich sich auch mit dem Kaiser von Byzanz auseinandersetze, aber in den zeitgenössischen Berichten über den Friedensschluss hören wir nichts mehr von den Griechen [3].

Nach der Schlacht bei Myriokephalon [4] schickte Manuel im November 1176 Berichte an die abendländischen Fürsten, welche bestimmt waren, den Eindruck seiner Niederlage möglichst abzuschwächen. Der Brief an den König von England ist uns vollständig erhalten [5], der Brief an Friedrich [6] nur

[1] Dandalo X. 2 IV. p. 309. Wilh. v. Tyrus XXI. 12 p. 1025.

[2] Vita Alexandri Watterich II. 433. Vergl. Prutz 292 u. 296. Brief Welf VI. an Alexander. Origines Guelficae II. 600.

[3] Nur zwei spätere Chroniken behaupten, dass Alexander zwischen den beiden Kaisern Frieden geschlossen habe. Martini Chron. MS. XXII. 437. Chronica universalis Mettensis MS. XXIV. 518.

[4] Die Schlacht war im Sommer 1176. Cin. VII. 3 p. 299 vergl. Excurs II.

[5] Roger von Hoveden ed. Stubbs II. 104. Bouquet XVI. 652. vergl. Wilhelm von Tyrus XXI. 26.

[6] Annales Stadenses MS. XVI. 349. Die bisher ungedruckte Antwort Friedrichs ist im Excurs V. vollständig mitgetheilt. Die Annales Stadenses führen die Briefe unter dem Jahre 1179 an. Zu diesem Jahre würde Ottos von S. Blasien Angabe passen, dass im Jahre 1179 Gesandte des Sultan von Iconium zu Friedrich gekommen seien. Aber

fragmentarisch. Manuel erzählt von einer demüthigen Gesandtschaft des Kilidsch-Arslans von Ikonium, der sich seiner
Herrschaft unterworfen habe. Freilich hatte Friedrich kurz
vorher eine Gesandtschaft des Sultan erhalten, die ganz das
Gegentheil berichtete.

Noch einmal kam die alte Rivalität zwischen Manuel
und Friedrich, der Streit um den Anspruch auf das römische
Imperium zum Ausdruck, und zwar wieder über eine Frage
der Etikette. Manuel hatte als Herrscher der Römer an
Friedrich den König von Deutschland und den Kaiser ge-
schrieben; Friedrich antwortete als von Gott gekrönter Kaiser,
Herrscher der Griechen, an den König der Griechen und den
Kaiser. Die römische Monarchie sei durch den Sieg seiner
Vorgänger gewonnen, in ununterbrochener Reihenfolge von
seinen Vorgängern auf ihn übertragen; in dem römischen
Kaiserthum sei zugleich die Herrschaft über das griechische
Königthum enthalten. Es sei von Gott zum Haupte des ganzen
Erdkreises eingesetzt, ebenso wie die römische Kirche als
einzige Herrin und Lehrerin aller Kirchen bestellt sei. In
dem Gleichniss von den zwei Schwestern sei die weltliche und
die geistliche Herrschaft vorgezeichnet, diese beiden genügten,
wie Christus selbst es bezeuge. Daher fordert Friedrich Manuel auf, ihm als dem römischen Kaiser sowie dem römischen
Papste den schuldigen Gehorsam zu erweisen. In einem Streite
Manuels mit dem Patriarchen von Constantinopel bietet ihm
Friedrich seine Vermittelung an. Die Mittheilungen des
Griechen nimmt er aber kühl auf, er sagt, er wolle sich in
gleichem Maasse mit ihm an dem errungenen Siege erfreuen,
als er annehme, dass sich Manuel auch an seinem Wohlsein
erfreue. Wundern aber müsse er sich, dass während er ihm

---

wir wissen nichts von einem späteren Kampfe zwischen Manuel und
Kilidsch-Arslan. Zudem stimmt die Situation, wie sie Albert von Stade
nach dem ihm vorliegenden Briefe Manuels schildert, durchaus überein
mit dem uns erhaltenen Briefe Manuels an den König von England.
Daher setze ich die Briefe unbedenklich in die Jahre 1176—77. Friedrichs Antwort ist im Jahre 1177 nach dem Frieden von Venedig geschrieben worden, dafür spricht die Beziehung auf den römischen Papst,
mit dem er eng verbunden erscheint.

brüderliche Liebe verspreche, er zu gleicher Zeit durch Gesandte und durch Bestechungen die kaiserlichen Unterthanen zum Verrath anstifte. Brave und tüchtige Leute würden sich doch nicht in ihrer Treue erschüttern lassen; wenn er aber schlechte und treulose Männer willig fände, so werde nur seine eigene Ehre Schaden leiden. Denn er begehe einen Treubruch, und das Geld wäre nutzlos verschwendet. Nur, wenn er ihm aufrichtige und treue Liebe entgegenbringe, könne er darauf rechnen, dass seine Gesinnung erwiedert würde.

Ein stolzes Selbstbewustsein spricht aus diesem Schreiben, zugleich energische Verachtung der kleinlichen, arglistigen Mittel, mit denen der Grieche den Kampf führte.

Interessant ist es, den Brief Friedrichs mit dem Briefe zu vergleichen, welchen Konrad bald nach der Thronbesteigung Manuels an diesen gerichtet hatte. Denselben Anspruch, welchen der jugendliche Manuel vor 50 Jahren Konrad gegenüber geltend machte, behauptete er auch jetzt; er hält daran fest, der alleinberechtigte Erbe des römischen Reiches zu sein; Friedrich aber steigerte die Ansprüche des deutschen Kaiserthums. Niemals hat meines Wissens vorher ein deutscher Kaiser das griechische Reich so direct als einen Vasallenstaat in Anspruch genommen. Konrad hatte einst in einem Briefe an Kaiser Johannes das neue Rom als eine Tochter des alten Rom bezeichnet, ein Theil des Erbes der Mutter ist auf die Tochter übergegangen, und die Mutter nimmt kindliche Achtung und Liebe in Anspruch. Aber Byzanz wird durchaus als gleichberechtigte Macht anerkannt, gemeinsam sollen Freund und Feind sein, wer die Tochter verletzt soll den Zorn der Mutter fürchten. Ganz anders ist die Sprache Friedrichs: er beansprucht die Herrschaft und die Verwaltung des griechischen Reiches als eines Bestandtheiles seiner Weltmonarchie. Er hat von einem Streite Manuels mit dem Patriarchen von Constantinopel gehört, und bietet eine Vermittelung an, ohne von Manuel darum gebeten zu sein: er behandelt den Streit als eine innere Angelegenheit seines Reiches.

Die Frage nach der Praerogative der beiden Kaiserreiche hatte in dem langen Kampfe keine Entscheidung ge-

funden. Die von Byzanz erhobenen Ansprüche hatten nur
dazu geführt, dass Deutschland seine Forderungen steigerte.
Manuel war der Angreifer gewesen, sein Angriff war abgewiesen, ungeschmälert war Friedrichs Besitzstand erhalten,
demnach haben wir Friedrich ohne Zweifel als den Sieger zu
betrachten.

Friedrich war einstweilen noch nicht in der Lage seine
Ansprüche wirksam geltend zu machen, aber wie weit sein
Einfluss im Orient reichte, wie umfassend die Combinationen
seiner Politik waren, beweist sein Verhältniss zu den Sultanen
von Ikonium und Aegypten. Im Jahre 1173 waren Gesandte
Saladins zu Friedrich gekommen, und hatten um die Hand
einer Tochter Friedrichs für den Sohn des Sultan geworben [1].
Saladin versprach mit seinem ganzen Reiche zum Christenthum überzutreten, und seine Gesandten verweilten ein halbes
Jahr lang in Deutschland, um die christlichen Cultusformen zu
studieren. Auch zu dem Sultan von Ikonium stand Friedrich
in naher Beziehung. Manuel hatte in seinem Schreiben über
gewisse Pläne, die ihm der Sultan eröffnet hatte, Andeutungen
gemacht, und seiner Verwunderung darüber Ausdruck gegeben [2]. Friedrich antwortet, er wisse nicht, ob diese Verwunderung sich auf seine Person beziehe; er sei bereit, alle
seine Verhandlungen mit dem Sultan, den er seinen Freund
nennt, offen darzulegen, wenn Manuel seine Meinung deutlich
und ohne Phrasen äussern wolle. Ueber Friedrichs Pläne erfahren wir Näheres durch Otto von S. Blasien [3]. Im Jahre
1179 hielt eine Gesandschaft des Sultan um die Hand der
Tochter Friedrichs für ihren Herrn an; wie Saladin, leistete
Kilidsch-Arslan das Versprechen, sich mit seinem Volke zum
Christenthum zu bekehren. Der Kaiser ging auf das Anerbieten ein; aber seine Tochter starb, bevor die Heirath ausgeführt werden konnte. Das freundschaftliche Verhältniss zu

---

[1] Annales Colonienses ed. Waitz 124.
[2] Siehe Excurs V.
[3] Otto Fris. cont. Saublasiana c. 25 p. 451. 'Vergl. auch Annales
Colonienses 131 zu 1180. Thomae Otto von S. Blasien verwirft ganz
grundlos die Nachricht als eine Fabel.

dem Sultan von Ikonium blieb bis zum Kreuzzuge Friedrichs
erhalten [1].

Ob in der That Manuels Verdacht gegen Friedrich begründet war, ob der deutsche Kaiser damals daran dachte,
als Rival des Griechen im Orient aufzutreten, wird sich nicht
entscheiden lassen. Vielleicht ist die schroff herausfordernde
Haltung Manuels gegen Kilidsch-Arslan daraus zu erklären,
dass er einer Verbindung von Deutschland mit Ikonium zu-
vorkommen wollte.

Die verrätherische Anknüpfung Manuels mit deutschen
Fürsten, die ihm Friedrich vorwirft, bezieht sich wahrscheinlich auf die schon erwähnte Verbindung Manuels mit Heinrich dem Löwen [2]. Auch der letzte Anschlag, den der griechische Kaiser kurz vor seinem Tode gegen Deutschland aus-
führte, entspricht durchaus der Methode hinterlistiger, griechischer Politik, wie wir sie bisher kennen gelernt haben. Als
der Erzbischof Christian von Mainz [3] nach dem Venetianer
Frieden im Auftrage Friedrichs die Restitution der dem Papste
gehörigen Besitzungen bewerkstelligte, stiess er vielfach auf
bewaffneten Widerstand der mittelitalischen Städte. Auch die
Familie des Markgrafen Wilhelm von Montferrat, der bisher
der treueste Bundesgenosse Friedrichs gewesen war, wurde
durch die Massregeln Christians zur Opposition gebracht.
Kaiser Manuel hatte schon früher Verbindungen mit dem
Markgrafen unterhalten; jetzt suchte er durch die Vermählung
seiner Tochter Maria mit Rainer, einem Sohne des Markgrafen, die Montferrats fest an sein Interesse zu knüpfen.
Dem älteren Bruder Rainers, Konrad, stellte er reiche Be-
lohnungen in Aussicht für den Fall, dass es ihm gelingen
sollte, Christian von Mainz gefangen zu nehmen. Konrad trat
an die Spitze einer weit verzweigten Verschwörung der tos-
canischen Städte, rüstete im Geheimen ein Heer und über-

---

[1] Annales Coloniensos 141 zu 1188. soldanum de Iconio con-
federatum suum ab antiquo. Otto v. S. Blasien c. 34 p. 481. Ferner
Historia Peregrinorum in Canisius Lectiones antiquae p. 505.

[2] vergl. p. 100.

[3] Vergl. Ilgen Markgraf Konrad von Montferrat 50—65 und
Varrentrapp Christian von Mainz 94—96, wo die Stellen angegeben sind.

raschte den Erzbischof bei Camerino, als dieser einen Kriegszug nach der Mark Ancona unternommen hatte. Christian
fiel in die Hände Konrads, der die Bewachung des Gefangenen
seinem Bruder Bonifaz anvertraute, während er selbst nach
Konstantinopel eilte, um mit Manuel weitere Schritte zu be-
rathen. Man beabsichtigte hier, Christian in ein griechisches
Gefängniss überzuführen. Ob diese That des Markgrafen
einen systematischen Angriff von Byzanz auf Deutschland er-
öffnen sollte, oder ob wir sie als den kleinlichen Racheakt
eines besiegten Feindes aufzufassen haben, lässt sich nicht
entscheiden, denn der Tod Manuels machte allen weiteren
Massregeln Griechenlands gegen Deutschland ein Ende. Christian von Mainz wurde durch Bonifaz in Freiheit gesetzt, und
die Montferrats scheinen bald darauf eine Versöhnung mit dem
deutschen Kaiser gesucht zu haben.

SCHLUSS.

Vergegenwärtigen wir uns noch einmal in Kürze die
Ziele und die Mittel der griechischen Politik.

Wir hatten im Beginn dieser Untersuchung die Frage
aufgeworfen, wie sich das griechische Reich den neuen durch
die Kreuzzüge vermittelten Eindrücken abendländischer Kultur
gegenüber verhalten habe. Die Antwort auf diese Frage ergibt eine Betrachtung der Politik Kaiser Manuels.

Um das abendländische Kaiserthum zu gewinnen, musste
er bestrebt sein, dem griechischen Reiche eine ebenbürtige
und gleichartige Stellung in dem Verein der europäischen
Staaten zu schaffen. Vor allem kam es darauf an, die kirchlichen und nationalen Gegensätze auszugleichen. Mit der
Kurie sehen wir ihn eifrig über Unionspläne unterhandeln;
trotz des Widerstandes einer mächtigen orthodoxen Geistlichkeit suchte er das orientalische Dogma dem occidentalen zu
nähern. Er scheute sich nicht, durch Begünstigung der
Lateiner im byzantinischen Reiche die nationalen Gefühle
seiner Unterthanen zu verletzen[1]; die Kolonien der italieni-

---

[1] Die Belege s. Heyd Gesch. d. Levh. I. 243. — Nach Luccari
Annali di Rausa 22 machte Manuel die Ragusaner zu Bürgern von

schen, deutschen und französischen [1] Kaufleute erfreuten sich seines besonderen Schutzes. Sodann aber war er bemüht, dem alternden Staate der Griechen durch die frischen Kräfte des Abendlandes aufzuhelfen. Seit den Zeiten des verfallenden Römerreiches hatte sich in Byzanz die Praxis erhalten, fremde Söldnerschaaren in das Heer einzureihen; sie hatten von jeher den leistungsfähigsten Bestand der byzantinischen Truppen gebildet. Manuel aber war bemüht, diese Fremden systematisch an sich zu fesseln, sie einzugliedern in den Organismus seines Reiches. Charakteristisch für seine Methode ist folgende Massregel [2]: auf Staatskosten kaufte er diejenigen Fremden los, die als Sklaven griechischen Herren oft unwillig genug dienten, stellte sie in das Heer, und schickte sie als Kolonisten in die von ihm neugegründeten Städte. In Manuels Heere finden wir italienische, deutsche, französische, ungarische und petschenegische Söldner [3]. Bei der Organisation dieser Truppen suchte er das Muster der lateinischen Ritterschaaren nachzuahmen, indem er sie im Reitergefecht und im Kampfe mit der Lanze übte [4].

Konstantinopel und liess junge ragusanische Edelleute auf Staatskosten in Byzanz erziehen. Vergl. p. 91 Anmerk. 6.

[1] Heyd Gesch. d. Levh. I. 290. Bei Manuels Tode sollen 60 000 Lateiner in Byzanz gewesen sein. Vergl. Eustathius Op. ed. Tafel XXV. 28 p. 275. Dass der Kaiser die Lateiner begünstigt, geht auch hervor aus dem Briefe des Hugo Eterianus an die Konsuln von Pisa. Documenti sulle relazione delle città Toscane coll' Oriente 11.

[2] Eustathius op. XXIII. 18 p. 200.

[3] Deutsche Hülfstruppen werden erwähnt in dem Briefwechsel Konrad III. mit Kaiser Johannes und Manuel. Otto Fris. Gesta L 23—24 p. 30, 31, 42, 43. Nach Nicetas II. 6 p. 18 vertraut ihnen Manuel die Besatzung von Corcyra nach Einnahme dieser Stadt an. — Franzosen werden erwähnt Cin. IV. 6 p. 148. Germani = Franzosen IV. 13 p. 167. — Lateiner Cin. V. 16 p. 247. Iberer und Massageten Cin. IV. 13 p. 167. Perser, Scythen, Deutsche, Italiener, Serben Cin. VI. 7 p. 271. — Beispiele von einzelnen Lateinern, die im Dienste Manuels stehen, bei Bouquet XVI. 82 u. 85. Wilhelm v. Tyrus führt an im Dienste Manuels einen Alexander de Conversare p. 260. Otto v. Risbergen (wohl ein Deutscher) p. 875. — Vergl. Eustathius, op. XXIII. 18 p. 200. Benjamin v. Tudela 54.

[4] Cinnamus III. 16 p. 125.

Aber auch im Verwaltungsdienste verwendete er mit
Vorliebe Abendländer; er traute den Griechen nicht; die
höheren Verwaltungsposten, schwierigere und verantwortungs-
volle Aufgaben wurden an Fremde vergeben [1].
Das griechische Kaiserhaus suchte er mit den europäischen Fürstenhäusern zu verschwägern [2]. Er hatte sich mit
einer deutschen Prinzessin vermählt, nach deren Tode hei-
rathete er eine Verwandte des französischen Königshauses.
Seine Tochter war mit dem Erben des ungarischen Thrones
vermählt, später bemühte er sich, sie mit dem Sohne Friedrichs zu verbinden, schliesslich heirathete sie den Grafen von
Montferrat; sein Sohn und Thronerbe hatte eine französische
Prinzessin heimgeführt; griechische Prinzessinnen waren nach
Ungarn [3], Böhmen, Oesterreich und Palästina [4] verheirathet.
Mit Deutschland und Sizilien [5] hat Manuel mehrfach über
Heirathsprojekte unterhandelt. Eine Zeit lang war es seine
Absicht, einem ungarischen Prinzen die Nachfolge im griechi-
schen Reiche zu verschaffen [6].

Aus dem gleichen Bestreben einer Annäherung an die
europäischen Mächte haben wir die Politik zu erklären, die
er den christlichen Staaten des Orients gegenüber verfolgte.

---

[1] Nicetas VII. 266. Wilh. v. Tyrus XXII. 10 p. 1079. Manuel
habe das lateinische Volk den weichlichen und weibischen Griechen
vorgezogen, bloss den Lateinern habe er grosse Aufträge gegeben im
Vertrauen auf ihre Zuverlässigkeit und Tüchtigkeit. Daher seien Ritter
und Volk zu ihm geströmt; durch die Dienste, die sie ihm erwiesen,
hätten sie immer mehr des Kaisers Herz für die Lateiner gewonnen.
Daher warfen die Griechen und besonders die griechischen Aristokraten
einen bösen Hass auf die Lateiner, der dann nach Manuels Tode in
dem Blutbad des Jahres 1182 zum Ausbruch kam. Vergl. Heyd Gesch.
d. Levh. 244 u. f.

[2] Eustathius op. XXIII. 16 p. 199. Die Verbindungen der kaiserlichen Familie mit europäischen Fürstenhäusern gerühmt.

[3] Cin. V. 1 p. 203. Stephan IV. von Ungarn mit Maria, der
Nichte des Kaisers, vermählt.

[4] Wilken Gesch. der Kreuzzüge III. 2 p. 77—79.

[5] Romuald v. Salerno MS. XIX. 436 und 439 in den Jahren
1166 und 1172.

[6] Nicetas IV. 4 p. 179—180. Widerspruch der Griechen und des
Andronicus dagegen.

Wir wissen, dass noch im Jahre 1164 der Grieche in Syrien
mehr gefürchtet war als der Sarazene, aber Manuel hat sich
aufrichtig bemüht, die Abneigung der Lateiner zu überwinden [1].
Er hielt zwar fest an dem Anspruch auf Antiochia [2], aber
zugleich vermählte er seine Nichte mit König Amalrich von
Palästina. Durch reiche Schenkungen an die Kirchen und
Klöster des heiligen Landes suchte er sich beliebt zu machen [3].
Gegen Aegypten verbündete er sich mit Amalrich [4]; der König
ging dann selbst nach Byzanz und wurde ehrenvoll von Manuel aufgenommen [5]. Ja, in den letzten Jahren seiner Regierung suchte er sogar durchaus im Gegensatz zu der Politik, die von seinen Vorgängern und früher von ihm selbst
befolgt war, einen Kreuzzug der europäischen Fürsten zu veranlassen [6]. Wollte er sich vielleicht durch einen gemeinschaftlichen Kampf gegen die Sarazenen die Sympathien der occidentalen Fürsten erwerben, dachte er sich auf diese Weise
der erstrebten römischen Kaiserkrone würdig zu machen?

Sodann musste seine Politik darauf gerichtet sein, im
Abendlande Boden zu gewinnen. Ungarn „in Mitten der occidentalen Staaten gelegen" und Italien, das Stammland des
römischen Reiches, waren die Ziele seiner Eroberungspolitik.
Nicht durch offenen Kampf, nicht in entscheidender Feld-
schlacht — sehr gut wusste er, dass die Abendländer den
Griechen an Kriegstüchtigkeit überlegen waren [7], — sollten
sie überwältigt werden, aber wohl mochte er hoffen, gestützt
auf seine reichen Geldmittel, in den Künsten einer verschlagenen, rücksichts- und treulosen Politik Sieger zu bleiben.
Zwei Wege konnte er hierzu betreten. Erstens nährte er
Bürgerkrieg und Parteikampf in dem Lande, das seine Beute

[1] Wilken II. 2 p. 114—200.
[2] Cin. V. 18 p. 237.
[3] Joh. Phocas Descriptio terrae sanctae in Leo Allatius Sym-
mirta 21, 32, 39, 40. vergl. Eustathius op. XXIII. 50 p. 207.
[4] Wilh. v. Tyrus XX. 13 p. 951.
[5] Wilken III. 2 p. 144 u. f.
[6] Bouquet XV. 953 — In der Schlacht bei Myriokephalon fochten
französische Ritter auf Seite der Griechen. Bouquet XVI. 652.
[7] Nicetas VII. 1 p. 259—260.

werden sollte, so vor allem in Ungarn[1], wo er die Thronstreitigkeiten nicht zur Ruhe kommen liess, so auch in Italien,
wo er sich überall in den Städten durch Bestechungen und
Versprechungen eine Partei zu schaffen wusste[2]. Zweitens
aber war er bestrebt, den Zwiespalt der europäischen Mächte
unter einander auszubeuten und aus derjenigen Politik Gewinn
zu ziehen, deren erste Anfänge wir in jener Zeit konstatirt haben,
einer Politik, welche durch einen Bund mehrerer Staaten ein-
zuwirken sucht auf die Machtsphäre eines einzelnen Staates.
Nach dem zweiten Kreuzzuge hatte Manuel im Bunde mit
Deutschland gegen den drohenden Angriff der Normannen und
Franzosen Schutz gesucht. Als beim Ausbruch des Schisma
Frankreich, England, Ungarn, Venedig sich gegen das über-
mächtige deutsche Kaiserthum die Hand reichten, hatte er
sich dieser Koalition angeschlossen. Später suchte er sich mit
Deutschland, Pisa, Genua, Ancona gegen Venedig zu verbinden. Aber es zeigte sich, dass in Europa der Boden noch
nicht bereitet war für eine Intriguenpolitik im grossen Stil:
nicht an einer Koalition der europäischen Mächte, sondern an
dem Widerstande eines Bundes von freiheitstrotzigen Städten
sind die Pläne Friedrichs gescheitert.

Bei diesen Bestrebungen Manuels aber wird offenbar,
dass die Völker des germanisch-romanischen Staatensystems
schon zu sehr zu einer Einheit verwachsen waren, als dass sie
sich nicht den Orientalen gegenüber solidarisch verbunden ge-
fühlt hätten; so konnte es geschehen, dass in dem Kampfe, den
das deutsche Kaiserreich gegen Byzanz führte, wichtige Ent-
scheidungen nicht durch die Waffen der Deutschen oder ihrer
Verbündeten, sondern im Gegentheil durch die Waffen ihrer

---

[1] Manuel hatte eine Partei in Ungarn. Vergl. p. 89 u. 90 und
Nicetas IV. 2 p. 172 Verrath von Zeugmo an die Griechen.

[2] Cin. IV. 9 p. 231. Nicetas VII. 1 p. 202 ἀλλ' οὐδέ τις ἦν τῶν
Ἰταλιωτῶν ἢ τῶν ἔτι πορρωτέρω πόλεων καθ' ἣν ὁ βασιλεὺς οὗτος οὐκ εἴχεν
ὁμότην οἰκεῖον καὶ φρονοῦντά οἱ τιντα. — Continuatio Zwetlensis altera
MS. IX. 541. Cum jam fere omnes civitates pecunia attraxisset, Lom-
bardos etiam contra dominum suum imperatorem Friedericum conci-
tasset. Arnold Chron. MS. XXI 150 Cum jam fere omnes civitates
Italiae sibi pecunia attraxisset. Manuel hatte eine Partei sogar in
Rom Cin. IV. 14 170—71, ebenso in Venedig, Ungarn, Dalmatien.

Gegner, der Normannen, der Venetianer [1], der Ungarn herbeigeführt wurden. Friedrich mochte getrost den Griechen herankommen lassen: er musste wissen, dass in Italien erst die Normannen und Venetianer zu vernichten waren, ehe er selbst den Angriff des Griechen abzuweisen brauchte, dass in Ungarn eine mächtige, nationale Opposition demselben entgegenwirken würde. Und so wurden denn sowohl Ungarn als Venedig trotz ihrer Feindschaft gegen Deutschland dazu gezwungen, sich mit Friedrich gegen Byzanz zu verbinden: Ungarn, Venedig und Sizilien waren zu unfreiwilligen Vertheidigern des abendländischen Kaiserthums bestellt, im Kampfe mit ihnen erschöpfte Byzanz seine Kräfte, ohne bis zu seinem eigentlichen Gegner vorzudringen.

Als dann Byzanz gleichsam über seine Grenzländer hinweg mit Frankreich und der Kurie Verbindungen anzuknüpfen suchte, musste es dieselbe Enttäuschung erfahren; es begegnete einer reservirten Haltung von französischer Seite: die Kurie, wie sehr ihr auch an einem Bündniss mit Manuel zu liegen schien, wies doch schliesslich die Anerbietungen des Kaisers zurück.

So ist das kühne Unternehmen Manuels im Wesentlichen gescheitert an Widerständen, die zu bemeistern keiner an seiner Stelle im Stande war. Er, der einzelne Mann [2], konnte dem Griechenvolke nicht die Energie einflössen, welche die

---

[1] Seitdem in Venedig die griechenfreundliche Partei unterlegen war. Vergl. p. 48—49.

[2] In der That stand er allein in seinem Volke. Cinnamus selbst wirft den Griechen Mangel an Patriotismus vor; Cin. VI. 3 p.259. Ihre Heere sind feig in der Schlacht. Cin. II. 8 p. 55. Wo der Kaiser nicht anwesend war, fehlte das Glück den griechischen Waffen, z. B. bei Corcyra. Cin. IV. 25 p. 195. Ῥωμαῖοι συνετυράχθησαν μὲν ὡς τὸ εἰκός, ἄλλως τε καὶ βασιλέως μὴ συμπαρόντος αὐτοῖς. — Merkwürdig ist das Urtheil der Regni Hierosolymitani Historia MS. XVIII. 51 omnimodo largitate et prudentia fuit undique redimitus et qui universos de Graecia excesserat in bonitate qui ante ipsum praocesserant per annos trecentos et ultra. Ein Beweis, wie Manuel als Grieche den Abendländern eine ganz ungewöhnliche Erscheinung war. Die Regni Hierosolymitani Historia benutzt vielleicht Wilhelm von Tyrus, hat aber auch selbständige Nachrichten und Gedanken.

Verwirklichung seiner Pläne gefordert hätte; die Fremden,
die er in seinen Dienst zwingen wollte, dienten ihm nur so
lange, als sie dabei ihren Vortheil fanden, dann kehrten sich
ihre Waffen gegen ihn. Unmöglich war es, den in Jahrhunderten schroff ausgebildeten Gegensatz zwischen Orient
und Occident zu überbrücken; im Inlande wie im Auslande
trat ihm eine kräftige, nationale Opposition entgegen. Dieser
Gegensatz, mochte er auch am deutlichsten auf kirchlichem
Gebiete zu Tage treten, war doch im Grunde der Gegensatz
zweier Zeitalter, einer alten und einer neuen Welt. Der Grieche
beharrte bei seiner Geringschätzung der abendländischen Barbaren, und der Abendländer verachtete nicht minder die weichlichen, feigen und heimtückischen Griechen[1]. Zwei verschieden
geartete Völker vermögen aber wohl nur dann sich zu einer
Gemeinschaft zu einigen, wenn sie ihre gegenseitigen Vorzüge anerkennen, wenn sie wissen, dass sie von einander zu
lernen vermögen. So war es im Zeitalter der Völkerwande-
rung gewesen[2]; seitdem hatten die germanischen Stämme

---

[1] Ich erinnere hier nur noch an den Widerwillen der Ungarn
gegen Stephan III., weil er eine griechische Prinzessin geheirathet, an
den Hass der lateinischen Christen gegen die Griechen, der wahrscheinlich auch die Politik Frankreichs bestimmt hat, an die vielfachen
Klagen der Griechen über den Hochmuth der Venetianer, an die stets
erneuerten und stets erfolglosen Verhandlungen zwischen Genua, Pisa
und Byzanz, schliesslich an das Urtheil von Cinnamus und Nicetas über
die Abendländer, Ottos von Freising, Wilhelms von Tyrus, der Historia
regni Hierosolymitani über die Griechen. Der Jude Benjamin v. Tudela
ist meines Wissens der einzige, der den Griechen einige Anerkennung gönnt. Am schroffsten hat den Gegensatz zwischen Griechen und
Lateinern Nicetas (Andron. I. 8 p. 390 ff.) ausgesprochen. „Ist der
Gefangene (der Lateiner) ein Römer, der sich von der italienischen
Sprache rein hält, und einem Volke anderen Stammes so fern bleibt,
dass er mit den Lateinern selbst in der Kleidung nicht das Mindeste
gemein hat, so ist er ein von Gott verabscheuter Mensch .... Wo
gäbe es auch etwas Böses, das ein Römerfeind unausgeführt liesse,
der in seinem Innern einen Schatz von Feindschaft gegen jeden Hellenen
angesammelt hat .... So besteht denn zwischen uns und ihnen die
grösste Kluft der Zwietracht, wir sind in unseren Gedanken unvereinbar und stehn diametral auseinander, wenn wir auch körperlich verbunden werden, und oft neben einander zu wohnen haben."
[2] Zum Belege will ich zwei Namen nennen: Cassiodor und Jordanes.

einen sicheren Kulturbesitz gewonnen, so dass sie nicht mehr
mit kindlicher Verehrung zu der Hoheit des alten römischen
Reiches aufzublicken brauchten; hatten sie doch selbst „das
Reich" gewonnen. Das griechische Volk aber hatte sich mit
greisenhaftem Eigensinn an dem geistigen Besitz genug sein
lassen, den es aus einer besseren Zeit gerettet hatte. Vielleicht ist das spätere lateinische Kaiserthum an demselben
Gegensatze zu Grunde gegangen, an dem Manuel scheiterte.
Aber auch den Kaiser werden wir von aller Schuld an
dem Misslingen seiner Pläne nicht freisprechen können; es
fehlte der griechischen Politik die stetige Richtung auf e i n
Ziel, sie zersplitterte ihre Kräfte in theilweise entgegengesetzten
Bestrebungen. Die venetianischen und ungarischen Projekte
waren nicht zu vereinigen: gegen Ungarn durfte Manuel auf
die Hülfe der Venetianer rechnen, in Ancona war er eines
energischen Widerstandes von ihrer Seite gewiss; dennoch
schwankte er zwischen beiden Unternehmungen, statt das eine
zu vollenden, bevor er das andere angriff. Dieselbe Unsicher-
heit zeigte sich auch in seiner Politik gegenüber Deutschland: in den Jahren 1171—1172 verhandelte er mit Friedrich
über die Heirath ihrer Kinder, im Jahre 1173 stehen sich
Griechen und Deutsche bei Ancona gegenüber, im Jahre 1174
erneuert Manuel seine Anträge über die Vermählung der
Kaiserkinder. Als dann schliesslich Byzanz seine Kräfte
gegen Venedig zu konzentriren versuchte, begegnete es in
Deutschland misstrauischer Zurückhaltung. Und so wusste
sich Venedig siegreich zu behaupten: Manuel hatte seine
Kräfte in unnützem Kampfe vergeudet. Dazu kam eine ent-
scheidende Niederlage im Orient: die Hülfsmittel seines Landes
waren erschöpft, es seufzte unter der Last der Steuern, die
ihnen die Kriege des Kaisers aufbürdeten. Nach seinem Tode
ging es rasch in blutigen inneren Kämpfen dem Verfalle entgegen, um schliesslich französischen Rittern und klug rechnen-
den venetianischen Kaufleuten eine leichte Beute zu werden.

—

EXCURSE.

I. CINNAMUS UND NICETAS.

Cinnamus ist nach dem Tode des Kaisers Johannes geboren[1], also nach dem Jahre 1143; und zwar muss er bald nach dem Regierungsantritt Manuels geboren sein, da er von sich aussagt, dass er von frühester Jugend an die meisten Feldzüge dieses Kaisers mitgemacht habe und daher wie kein anderer berufen sei, sein Leben zu schreiben[2]. Für das Jahr 1159 scheint er noch nicht Augenzeuge zu sein, doch verkehrt er schon am kaiserlichen Hofe, vielleicht als Page[3]. Im Jahre 1165 finden wir ihn zuerst als Augenzeugen[4], — er konnte damals höchstens 23 Jahr alt sein. Er hat Kaiser Manuel überlebt: im Jahre 1185 finden wir ihn in der Umgebung des Andronicus[5]. Die Ausarbeitung seines Werkes hat er nach dem Tode Manuels begonnen[6]; die Veröffentlichung ist wahrscheinlich erst nach dem Sturze des Andronicus erfolgt[7].

---

[1] Cin. I. 1 p. 413.
[2] Cin. I. 1 p. 5.
[3] Cin. IV. 22 p. 192.
[4] Cin. V. 14 p. 241.
[5] Nicetas De Andronico II. 5 p. 430.
[6] Cin. I. 1 p. 414.
[7] Cin. II. 7 p. 54 mit Bezug auf Andronicus, den Sohn von Isaac Angelus. Wenn Cinnamus sein Geschichtswerk vor dem Regierungsantritt des Andronicus veröffentlicht hätte, so würde ihn wohl das scharfe Urtheil, das er über diesen fällt, von der Umgebung des Kaisers fern gehalten haben. Cinnamus hat wahrscheinlich auch die Regierung von Kaiser Alexius geschildert, oder er hat es doch beabsichtigt. Cinn. VI. 2 p. 257.

In der Ueberschrift seines Werkes nennt sich Cinnamus βασιλικὸς γραμματικός; wir werden ihn uns also etwa in der Stellung eines Secretärs zu denken haben.

Dem entsprechend hat sein Werk einen durchaus offiziellen Charakter. Cinnamus behauptet zwar von sich, dass ihm nur die Wahrheit am Herzen liege[1], dass ihm Schmeichelei verhasst sei; nichts desto weniger lässt sich an einzelnen Beispielen auf das deutlichste nachweisen, dass er zu Gunsten seines Kaisers gefälscht und erfunden hat[2]: im Verlaufe der Darstellung habe ich seine Dichtungen mehrfach als solche gekennzeichnet. Dabei ist ihm bei aller Schroffheit seiner Tendenz eine eigenthümliche objective Färbung eigen: sehr selten tritt er mit seiner persönlichen Stimmung hervor[3]; er lässt die Ereignisse für sich reden, die er nach seiner Tendenz umgestaltet hat; wenn er seinem Hass und seiner Leidenschaft Worte leiht, so geschieht es in Reden und Briefen, die er seinen Personen zuschreibt.

Er ist ein feiner Beobachter; den wesentlichen Unterschied griechischer und abendländischer Staatsverfassung hat er richtig erkannt[4], er weiss auch die Unterschiede in der Fechtweise der abendländischen Völker zu bestimmen[5]. Gelegentlich erzählt er einzelne charakteristische Züge, die uns die Personen, von denen er berichtet, sehr deutlich veranschaulichen[6].

Durchweg verfügt er über treffliches, gut geordnetes Material. Seine Erzählung verläuft im Wesentlichen chronologisch; häufig verweist er auf die Jahreszeit. Und zwar theilt er das Jahr, wie Thukydides[7], in Sommer und Winter ein: der Sommer ist die für die Feldzüge günstige Jahreszeit; zum Winter pflegt der Kaiser nach Byzanz zurückzu-

---

[1] IV. 22 p. 192.

[2] Vergl. besonders p. 16 u. ff. Vergl. auch das Urtheil Katonas III. 599, 601 621, 644, 662.

[3] so z. B. V. 16 p. 245.

[4] II. 12 p. 69.

[5] II. 18 p. 85.

[6] z. B. III. 5 p. 96—100 die Anecdote über die Kaiserin.

[7] II. 1 ὡς ἕκαστα ἐγίγνετο κατὰ θέρος καὶ χειμῶνα. Der Winter umfasst 4 Monate: Mitte November bis Mitte März.

kehren, um ihn in den grossstädtischen Zerstreuungen zu verbringen. Im Allgemeinen kann man annehmen, dass wenn
des Kaisers Rückkehr nach Byzanz erzählt wird, dies den
Eintritt des Winters bedeutet. Doch kommen auch gelegentlich noch kleine Winterfeldzüge vor [1]. Speziell gilt der Früh-
ling als geeignet zu Feldzügen [2].

Auf der Voraussetzung einer streng eingehaltenen anna-
listischen Ordnung bei Cinnamus beruht die Chronologie der
Jahre 1147—1176, wie ich sie in Excurs II häufig abwei-
chend von Muralt und Katona aufzustellen versucht habe.
Doch ist Cinnamus keineswegs so pedantisch, dass er nicht
gelegentlich Ereignisse, die sachlich zusammengehören, aus
mehreren Jahren zusammenfasste. Er erzählt sie entweder als
Einleitung eines Hauptereignisses, das er innerhalb des chronologischen Verlaufes einreiht [3], oder er greift auch wohl vor,
so dass er die Folgen einer Begebenheit gleich anknüpft [4].
Den italischen Feldzug der Griechen in den Jahren 1156 und
1157 fasst er in eine Erzählung zusammen; in die Zeit, da
er sich abspielt, fallen Ereignisse, die vorher und nachher erzählt sind: wo Cinnamus auf den synchronistischen Zusammenhang hinweist, pflegen die einzelnen Angaben auf das Ge-
naueste zusammenzustimmen [5].

Ein Schriftsteller ganz anderer Art ist Nicetas. Ueber
seine äusseren Lebensumstände wissen wir etwas mehr, als
bei Cinnamus. Für die Regierung Kaiser Johannes ist er
ebensowenig Augenzeuge [6], wie Cinnamus. Am Ende des
Jahrhunderts finden wir ihn am Hofe des Kaisers Isaac Angelus in hohen Würden, im Jahre 1187 als ὑπογραμματεύς
des Kaisers bei Philippopel, 1189 wurde er zum Logotheten

---

[1] so im J. 1158. Wilh. v. Tyrus XVIII. 23 p. 859. Ferner im
J. 1160 Cin. IV. 22 p. 191.
[2] Cin. VI. 5 p. 263 und VII. 1 p. 293.
[3] z. B. IV. 16 p. 176 ff.
[4] z. B. VI. 1 p. 250. Die Abenteuer des Andronicus; ferner V.
3 p. 207 anknüpfend an den Besuch des Sultan Kilidsch-Arslan die
späteren Beziehungen Manuels zu den Persern.
[5] Vergl. Excurs II. Anm. 1 zu d. J. 1149 und Anm. 2 zu d. J. 1155.
[6] Nicetas Praefatio p. 7.

ernannt, 1190 ist er Präfect von Philippopel[1]. Sein Geschichts-
werk reicht bis zum Jahre 1206; — nach der Zerstörung
Constantinopels, die er ausführlich beschreibt, ging er nach
Selymbria und starb im Jahre 1216 zu Nicaea.

Cinnamus und Nicetas scheinen einander als Schriftsteller
nicht gekannt zu haben[2]: beide erklären, dass sie da ansetzen
wollen, wo ihre Vorgänger stehen geblieben seien, beim Tode
von Kaiser Alexius[3]. Ueber die Zeit, wann Nicetas geschrieben,
kann ich nur sagen, dass das vierte Buch der Biographie
Manuels nach dem Regierungsantritt von Isaac Angelus[4] geschrieben sein muss. Wie er selbst bemerkt, kann er von
den ersten Regierungsjahren Manuels, die er seine goldene
Periode nennt, nur von Hörensagen erzählen[5]; also ist er
offenbar Zeitgenosse für seine späteren Regierungsjahre.
Schon im Jahre 1166 scheint er als solcher zu berichten[6].
Es ist mithin kein Grund ersichtlich. warum Cinnamus, wie
man allgemein annimmt, vor Nicetas geschrieben haben sollte.

Wie Cinnamus sich gegen den Vorwurf der Schmeichelei
und tendenziösen Entstellung zu verwahren sucht, so Nicetas
mit nicht besserem Erfolge gegen den Vorwurf rhetorischer
und poetischer Ausschmückung. Seine Darstellung ist durchweg moralisirend, mit Reflexionen und poetischen Bildern
überladen. Moralisch zu wirken, stellt er selbst als Zweck

---

[1] II. 3 p. 526.

[2] Nic. Andronicus II. 5 p. 430 erwähnt Cinnamus.

[3] Nic. Praefatio p. 7 Cin. I. 1 p. 4.

[4] Nic. IV. 6 p. 192.

[5] I. 3 p. 79.

[6] III. 5 p. 153. ἀλλὰ ταῦτα μὲν ἴσως οὐκ ἀκαίρω; οὐδὲ μάτην ἐ̓ιστο-
ρεύσαμεν. Ebenso scheint er IV. 6 p. 195 als Augenzeuge zu schreiben.
Der Verfasser ist sich wohl bewusst, dass die hier gegebenen Bemer-
kungen der Ergänzung und vielleicht auch der Berichtigung bedürfen;
sie sind nicht aus einer methodischen Analyse des Schriftstellers hervor-
gegangen, sondern enthalten nur dasjenige, was sich bei der Lectüre
gelegentlich und zufällig ergab. Wenn es wahr wäre, dass Nicetas für
die Einnahme von Thessalonich im J. 1185 den Bericht des Eustathius
zu Grunde legt, wie Tafel Comnenen und Normannen p. 232 behauptet,
so würde sich daraus ergeben, dass Nicetas auch für solche Ereignisse,
die er zweifellos selbst erlebt hat, fremde Berichte zu Grunde legte.
Aber den Beweis hat Tafel nicht erbracht.

der Geschichtsschreibung hin[1]; dem entsprechend führt er häufig Bibelstellen an, aber er liebt auch Anspielungen auf Sage und Geschichte des Alterthums. Die historischen Thatsachen dienen im Wesentlichen nur als Material für seine didactischen und poetischen Zwecke. Er verfügt zwar theilweise über gute und ausführliche Nachrichten, aber ihre Verbindung ist oft unchronologisch und fehlerhaft; ja, in dem Bestreben eine pragmatische Verbindung herzustellen, werden selbst die Thatsachen gefälscht. Er zieht oft zwei Ereignisse in eines zusammen, oder er erzählt ein Ereigniss, das einem anderen ähnlich ist an derjenigen Stelle, die dem zweiten zukommt.

So findet sich bei ihm der Angriff der Normannen auf Byzanz vom Jahre 1149[2] mit folgenden Entstellungen: erstens versetzt er ihn nach dem Frieden zwischen Byzanz und Sizilien im Jahre 1158; ferner nennt er Majo als Befehlshaber der normännischen Flotte; Majo wurde aber im Jahre 1158 und zwar vor dem griechisch-normünnischen Frieden durch seinen Bruder Stephan als Befehlshaber der Flotte ersetzt[3]. Für das Jahr 1149 passt aber auch nicht Majo, dieser wurde vielmehr erst durch König Wilhelm also nach dem Jahre 1154 zum Befehlshaber der Flotte ernannt[4]: der Befehlshaber der normännischen Flotte im Jahre 1149 hiess Georgios[5]. Dass nun aber Nicetas nicht etwa einen anderen Angriff im Auge gehabt habe, geht daraus hervor, dass er erzählt, die Normannen hätten den kaiserlichen Palast mit Pfeilen beschossen — eine Angabe, die von Cinnamus und Dandalo übereinstimmend bei dem Angriff des Jahres 1149 gemacht wird[6]. Um nun die Thatsache, dass im Jahre 1158 zwischen Byzanz und Sizilien Frieden geschlossen sei, mit dem späteren Angriff auf Byzanz zu vereinigen, behauptet Nicetas, dass dieser Friede keinen langen Bestand gehabt habe.

---

[1] Nic. Praefatio p. 4—5.
[2] S. Excurs II. s. J. 1149. Nic. III. 8 p. 131. Cin. II. 19 p. 88.
[3] Vergl. Hugo Falcandus Muratori SS. VII. p. 270.
[4] Romuald v. Salerno MS. XIX. 427.
[5] Dandalo IX. 13. XIX. p. 282.
[6] Nicetas spricht von brennenden Pfeilen, Cinnamus und Dandalo von goldenen.

Ein weiteres Beispiel für die Methode des Autors ergiebt
seine Darstellung des ersten griechischen Feldzuges in Italien.
Im Jahre 1155 werden Michael Palaeologus und Johannes Ducas
nach Italien geschickt[1]; Palaeologus übernimmt den Oberbefehl
der Flotte, Ducas führt das Landheer. Als Michael Palaeologus
im Jahre 1156 stirbt, sendet Manuel eine zweite Flotte unter
Alexius nach. Was macht Nicetas daraus? Er weiss, dass
Michael Palaeologus als Befehlshaber der Flotte nach Italien
geschickt wird[3]. Später findet er Johannes Ducas und Alexius
als Befehlshaber der Truppen in Italien. Um diese Thatsachen zu erklären, lässt er Palaeologus abgesetzt werden,
weil er zu viel Geld brauche[4]; statt seiner werden Ducas
und Alexius mit einer neuen Flotte nach Italien geschickt.
Wir kennen zwei Seeschlachten, in welchen die griechische Flotte von der normännischen geschlagen wird, die eine
im Jahre 1154[5], die andere im Jahre 1158[6]. Nicetas[7] erzählt nur eine von diesen Schlachten und zwar diejenige des
Jahres 1154, in welcher Constantin Angelus gefangen wurde;
aber er erzählt sie an der Stelle, die der zweiten Schlacht
zukommt: kurz vor dem Frieden zwischen Byzanz und Sizilien im Jahre 1158.
Aehnlich ist sein Verfahren, wenn er die Sendung des
Johannes nach Ancona im Jahre 1150 mit der Expedition des
Michael Palaeologus im Jahre 1155 combinirt[8].
Der unglückliche Krieg des Andronicus gegen Thoros von
Armenien hat innerhalb der Jahre 1150—1154 statt gefun-
den[9]; im Jahre 1166 knüpft Andronicus mit Philippa, der
Schwester der Kaiserin Maria ein Verhältniss an[10]. Trotz-

---

[1] Cin. IV. 1 p. 135.
[2] Cin. IV. 7 p. 157.
[3] Nic. II. 6 p. 120.
[4] Nic. II. 7 p. 124.
[5] Romuald MS. XIX. 424 vergl. Excurs II. z. d. J.
[6] Romuald MS. XIX. 429.
[7] Nicetas II. 7 p. 127.
[8] Nicetas II. 6 p. 120. vergl. Excurs II. z. d. J.
[9] Cin. III. 15 p. 123, 124. vergl. Excurs II. z. d. J.
[10] Wilh. v. Tyrus XX. 2 p. 943. Cin. VI. 1 p. 250.

dem mindestens zwölf Jahre diese beiden Facta trennen, verbindet sie Nicetas durch οὐ πολλαὶ δ'ἡμέραι παρῆλθοσαν ὕστερον[1]. So verknüpft also Nicetas ganz willkürlich die Thatsachen, die ihm entweder sein Gedächtniss oder schriftliche und mündliche Tradition an die Hand gaben.

Schwieriger ist es, über des Autors Tendenz und Parteistellung ein Urtheil zu gewinnen.

Iu Bezug auf die Stellung zu den Abendländern in seiner Darstellung des zweiten Kreuzzuges verweise ich auf meine frühere Ausführung.[2] Wenn wir nun finden, dass Nicetas in den späteren Abschnitten seines Werkes[3] eine schroffe Feindseligkeit gegen die Lateiner zeigt, so würde dies meine Vermuthung bestätigen, dass die für den zweiten Kreuzzug zu Grunde liegende Quelle den Wallfahrern günstig ist, während der Autor Kaiser Manuel seinem Gewährsmanne gegenüber zu rechtfertigen sucht. Natürlich wird sich über diese Frage nur aus einer genauen Untersuchung des ganzen Werkes ein endgültiges Urtheil ergeben.

Nicetas ist im Allgemeinen sehr ungünstig auf Kaiser Manuel zu sprechen. Sein Urtheil ist nicht immer gerecht und nicht frei von Widersprüchen.

Nicetas beschuldigt den Kaiser, den Andronicus gefangen gesetzt zu haben, weil er auf seine Schönheit und auf seinen Kriegsruhm eifersüchtig gewesen sei.[4] Hieran knüpft er nach seiner Art eine moralisirende Betrachtung. Doch seien, fügt er hinzu, auch schwere Anschuldigungen gegen Andronicus erhoben worden, die er allerdings als Verleumdungen bezeichnet. Trotzdem soll an denselben etwas Wahres gewesen sein. Manuel habe mit widerstrebendem Herzen[5] um dieser Anklagen willen den Andronicus gefangen gesetzt. Wie verträgt sich dieses mit der früheren Behauptung über die Eifersucht des Kaisers?

[1] Nic. IV. 5 p. 181. vergl Excurs II. zu d. J.
[2] p. 20.
[3] vergl. die charakteristische Stelle Nicetas Andronicus I. 8 p. 390—394.
[4] III. 2 p. 135.
[5] bestätigt durch Cin. VI. 2 p. 254.

Das gleiche Motiv legt Nicetas dem Verfahren des Kaisers gegen seinen Oheim Alexius zu Grunde[1]. Cinnamus[2] dagegen erzählt ausführlich von den verrätherischen Umtrieben des Alexius: er habe, um ihretwillen von dem Kaiser vor ein Gericht gestellt, die Schuld eingestanden. Diese Nachrichten könnten erfunden und der Widerhall von Verleumdungen sein, die vielleicht nur deswegen ausgestreut wurden, weil sie sicher bei dem Kaiser ein geneigtes Ohr finden würden. Aber bleibt denn Nicetas diesmal consequent in seiner Beschuldigung? Wie steht es mit Manuels Eifersucht? Nicetas erzählt an einer anderen Stelle[3], Manuel habe den Patriarchen Cosmas abgesetzt, weil er angeklagt wurde, mit Alexius gegen Manuel zu conspiriren. Freilich soll dies eine Verleumdung gewesen sein. War denn Manuel auch auf den Patriarchen Cosmas eifersüchtig? Nein, wird man erwiedern, seine Eifersucht auf Alexius machte ihn geneigt, dergleichen Beschuldigungen Glauben zu schenken; des Kaisers Umgebung wusste diese Schwäche auszunutzen, und der Patriarch Cosmas fiel als Opfer einer Hofintrigue, oder weil sein nahes Verhältniss zu Alexius bekannt war; und so wäre denn doch das letzte Motiv seines Sturzes des Kaisers Eifersucht auf Alexius gewesen. Ich gebe zu, dass diese Deutung möglich ist. Aber, nachdem wir Nicetas in seinem Urtheile über des Kaisers Verhältniss zu Andronicus als inconsequent und unzuverlässig erkannt haben, werden. wir ihm in einem ganz analogen Falle nur ungern Vertrauen schenken.

Am heftigsten sind des Nicetas Angriffe auf Manuels innere und äussere Politik. Das goldene Zeitalter seiner Regierung hat Nicetas noch nicht miterlebt; auf Manuels Jugendjahre, in denen er die vom Vater gesammelten Schätze freigebig verschwendete[4], folgt in immer steigendem Masse, je mehr sich der Kaiser einer kühnen, weitausschauenden Er-

[1] IV. 6 p. 186.
[2] VI. 6 p. 265 u. ff.
[3] II. 2 p. 107.
[4] I. 3 p. 79.

oberungspolitik hingiebt [1], eine Periode rücksichtsloscster Ausbeutung seiner Unterthanen, die bloss der Prunksucht und dem Ehrgeize des Alleinherrschers zu dienen scheinen.

Auch in diesem Urtheil ist der Autor nicht consequent: an einer anderen Stelle entschuldigt er dieselbe Politik als wohlbegründet und berechtigt gegenüber der Gefahr eines Angriffs der abendländischen Völker auf Griechenland.[2] Die Verwaltung schildert er in den schwärzesten Farben: ihre Missstände seien im Wesentlichen durch die Beförderung von Fremden und Halbbarbaren zu wichtigen Staatsämtern hervorgerufen. Der Kaiser habe seinen Unterthanen nicht getraut und daher habe er ehrenhafte und gescheidte Griechen zu subalternen Diensten verwandt: sie hätten die Handlanger sein müssen, um den hohen fremden Beamten die Taschen zu füllen; denn von diesen sei nun der Kaiser erst recht betrogen worden. Die Griechen aber hätten in dem Bewusstsein von des Kaisers Gesinnung, der in ihnen nicht pflichttreue Beamte, sondern nützliche Werkzeuge erblickte, ihren Beruf als eine sittliche Aufgabe zu betrachten verlernt.

Ebenso sei die Kriegszucht unter seiner Regierung gänzlich in Verfall gerathen[3]; Manuel habe den regelmässigen Sold abgeschafft, und durch sogenannte Geschenke, die er von den Provinzen als Tribut erheben liess, die Habgier und Lüsternheit der Soldaten gereizt: das Geld kam an „unwürdige, faule Bäuche", der brave, waffengeübte Römer musste zusehen, wie ein Fremder, der nie eine Schlacht gesehen, die reichen Provinzen des Reiches seiner Habgier dienstbar machte.

Die dritte Klage des Nicetas bezieht sich auf des Kaisers Stellung zur Geistlichkeit[4]: er wirft ihm vor, dass er sich vorwitzig in dogmatische Streitigkeiten gemischt habe, deren Erörterung nur den Geistlichen zuständig sei. Er kann der

---

[1] V. 1 p. 208. VII. 2 p. 265.

[2] VII. 1 p. 259. — In wie weit sich die Widersprüche in der Darstellung des Nicetas durch das Verhältniss desselben zu seiner oder seinen Quellen erklären lasse, wird natürlich nur eine ganz detaillirte Untersuchung ergeben können.

[3] VII. 4 p. 272 ff.

[4] VII. 5 p. 274.

durch den Kaiser herbeigeführten Entscheidung des Streites, ob der Vater grösser sei als der Sohn, nicht beistimmen. Manuel hatte hier das lateinische Dogma den Byzantinern gegenüber in Schutz genommen. Nicetas schildert sodann ausführlich den Widerstand der griechischen Geistlichkeit, als Manuel die Verdammung des Gottes der Mohammedaner aufheben wollte, und die Mittel, durch welche es dem Kaiser gelang diesen Widerstand zu brechen. Manuel hatte damals gedroht, dem römischen Papste die Entscheidung des Streites vorzulegen.

Wir sehen, der wesentliche Vorwurf, den Nicetas dem Kaiser macht, bezieht sich auf seine Begünstigung der Ausländer, auf seine Toleranz gegenüber ihrem Dogma. Von vornherein werden wir bei einem Byzantiner in diesem Punkte keine volle Unparteilichkeit voraussetzen. Wenn wir nun finden, dass sich Nicetas mit solcher Wärme des verkannten ehrenwerthen Römers annimmt, so werden wir vielleicht nicht fehlgehen, wenn wir in seiner Darstellung die Stimme der von Manuel zurückgesetzten römischen Aristokratie und der von ihm bekämpften Geistlichkeit zu vernehmen meinen, deren Hass gegen die Ausländer in dem Blutbad des Jahres 1182 zum Ausdruck kam [1]. Die Vermuthung liegt nahe, dass die aufständischen Versuche des Andronicus und des Alexius in dieser Gesinnung der griechischen Aristokratie ihre Stütze fanden, und dass der parteiische Bericht des Nicetas über dieselben aus den Kreisen eben jener unzufriedenen nationalen Opposition stammt.

Von anderer Seite geben die Zeugnisse von Ausländern, geben die uns erhaltenen Gesetze des Kaisers ein viel günstigeres Urtheil über seine Reichsverwaltung an die Hand.

---

[1] Nicetas Alexius 12 p. 336 hat kein Wort des Tadels für dieses Blutbad, obgleich er sonst bei solchen Gelegenheiten mit seinem Urtheil nicht zurückhält. Viel gerechter ist Eustathius Opuscula XXV. 28, 29 p. 275, der die Belagerung von Thessalonich als eine göttliche Strafe für die damals verübten Gräuel darstellt. Nicetas berichtet einfach den Hergang, und erzählt dann, dass die Lateiner auf ihrer Flucht den Griechen viel Schaden zugefügt hätten. Des Nicetas Hass gegen die Lateiner ist am klarsten ausgesprochen Andronicus I. 8 p. 390—394.

Wilhelm von Tyrus[1] rühmt die alte unerschütterliche Disciplin, die in seinem Reiche geherrscht. Thomas archidiaconus[2] preist die liberale Verwaltung des Kaisers in dem unterworfenen Croatien und Dalmatien: ipse autem erat benignissimus circa omnes sibi subjectos, non tributorum exactor, sed divitiarum suarum liberalissimus distributor. Ich bin weit entfernt hieraus schliessen zu wollen, dass das griechische Reich nicht in der That unter einer drückenden Steuerlast gelitten habe, — auch das Zeugniss eines Abendländers bestätigt diese Thatsache[3] —, wenn aber Manuel Geld genug übrig hatte, um in einem eroberten Lande sich als den freigebigen feiern zu lassen, so konnte ein finanzieller Ruin, wie ihn Nicetas schildert, wohl kaum eingetreten sein.

In seiner gesetzgeberischen Thätigkeit zeigt sich Manuel als ein wachsamer Hüter von Recht und Ordnung; namentlich liegt ihm der Schutz der Armen und Bedrängten am Herzen. Um des gemeinen Wohls willen scheut er sich nicht seine eigene Machtsphäre einzuschränken: auch der Kaiser, sagt er in einem Gesetze, sei menschlichen Irrthümern ausgesetzt, daher sollen alle Edicte, die gegen das Recht verstossen, ungültig sein[4]. Er nimmt sich des Provinzialen an, der nach der Hauptstadt reist, um dort über versagtes Recht oder über ungerechte Steuerbelastung Beschwerde zu führen, indem er ihm die Anstellung der Klage erleichtert und seinen Prozess beschleunigt[5]. Zugleich sucht er auf gesetzlichem Wege zu verhindern, wie es damals oft geschah, dass sich arme freie Leute gegen Bezahlung in die Knechtschaft ihrer reicheren Mitbürger begaben[6]. Von ihm rührt eine umfassende Reform des griechischen Prozesses her, bei dem seit Justinian viele Missbräuche eingeschlichen waren[7]. Die Richter sollten

---

[1] XX 22 p. 982.
[2] Lucius De regno Croatiae et Dalm p. 330.
[3] Documenti sulle relazione etc. p. 12.
[4] Zachariae Jus Graeco-romanum 455—456.
[5] Zachariae Jus Graeco-romanum 464.
[6] Cin. VI. 8 p. 275.
[7] Jus Graeco-romanum 460 ff. vergl. auch Montreuil Histoire du droit Byzantin III. 83—96. Das von Montreuil 85 dem Kaiser

ganz unabhängig werden; der träge Gang des Prozesses sollte
beschleunigt werden; zu diesem Zwecke wurden die Ge-
richtsämter neu vertheilt, die Gerichtstage genau festgesetzt,
die Schwur- und Appellationsfristen enger begrenzt, die Ge-
richtsferien verkürzt[1], die Redefreiheit der Advokaten wurde
eingeschränkt.

Die Gesetze Manuels geben uns ein ganz anderes Bild
von seiner Fürsorge für die Verwaltung, als wir nach
dem Urtheil des Nicetas erwarten sollten. Es kann nicht
meine Aufgabe sein, näher auf dieselbe einzugehen. Ich
wollte hier nur so viel anführen, als erforderlich ist, um meine
Meinung über des Nicetas Parteistellung zu begründen; aus
dieser Parteistellung des Autors entnehme ich die Berech-
tigung für eine Characteristik des Kaisers, wie ich S. 10
u. ff. zu geben versucht habe: die dort angeführten Züge
stammen zum grössten Theil aus Nicetas oder werden doch
durch ihn bestätigt.

Die Beschreibung der Schlacht bei Myriokephalon stammt
bei Nicetas und bei Boso, dem Verfasser des Lebens Alexanders III., aus einer Quelle. Aus welcher, habe ich nicht
ausfindig machen können. Vielleicht hat ihnen ein brieflicher
Bericht vorgelegen.

Nicetas VI. 1.	Boso ap. Watter. II. 434. 435.
p. 230—231 Schilderung der Heeresmassen und des Zuges des griechischen Heeres	in multitudine gravi terram ipsius violenter intravit.
p. 231 ff. Rüstungen des Sultan.	Rüstungen des Sultan.
p. 232 Bitte um Frieden.	Bitte um Frieden.
Antwort des Kaisers: er werde ihm nur in Iconium Bescheid geben.	Antwort des Kaisers: neque pacem mecum neque placitum facies, nisi Cumeun in manibus et potestate mea reddideris.

Alexius zugeschriebene Gesetz ist seitdem von Zachariae als Gesetz
Manuels nachgewiesen worden. vergl. Jus Graeco-romanum 498.
[1] Jus Graeco-romanum 469. Cin VI. 8 p. 277.

προκαταλαμβάνει τὰς δυσχωρίας, αἳ κλεισοῦραι κτἑ .,. . ᾶς καὶ ἤμελλον Ῥωμαῖοι μετὰ τὴν ἀπὸ Μυριοκεφάλου παριέναι ἄπαρσιν.

et ascendens montana super convallium fauces, per quos imperator transire ad Cumeum disposuerat.

p. 233 ἐπὶ τοιαύτης οὖν μέλλων ἐλαύνειν ὁδοῦ οὐδέν τι τῷ στρατῷ συνοῦσιν προμηθευσάμενος φαίνεται.

minus caute, immo improvide, intravit per illos difficiles et arctos transitus.

p. 235 – 236 ὡς οὖν οὔτε προχωρεῖν ἐξῆν καὶ τὸ ἀναςεῦξαι δὲ ἄλλως ἀδύνατον ... ὅσα καὶ θρεμμάτων ἀγέλαι Ῥωμαῖοι περὶ σταθμοὺς τὰς δυσχωρίας ἐκείνας ἐφθείροντο.

Et quia prae nimia locorum angustia pars nostra[1] nec fugere poterat nec reluctari. pariter conprehensi sunt universi tamquam greges in ovili ovium.

---

[1] Diese Stelle beweist, dass der Bericht von griechischer Seite ausging.

II. REGESTEN ZUR GESCHICHTE MANUELS, VORNEHMLICH ALS CONTROLE DER CHRONOLOGIE DES CINNAMUS.

1147			
Herbst. (ec. Oct.- Nov.)	Angriff Rogers auf Korinth, Euboea, Theben etc. [1]	Cinn. III 2 p. 92.	Nic. 16 p. 92, II 1 p. 97, II 2 p. 102 Tafel und Thomas Urkunden zur Handelsgesch. Venedigs. I. 110. Urkunde vom März 1148.
Winter. 1148	Rüstungen Manuels.	Cinn. III 2 p. 92.	Nic. II 2 p. 102.
ec. Febr.	Der Kaiser beabsichtigt, auf d. Landwege nach Corcyra zu gehen.		Zachariae Jus Graeco - romanum III 443 Zeile 9.
Frühjahr	Aussendung ein. Flotte nach Corcyra [2].	Cinn. III 2 p. 92 III 4 p. 96 [3]	Nic. II 2 p. 102—103.
	Als der Kaiser nach Philippopel kommt, erfährt er, dass die Scythen die Donau überschritten: Feldzug gegen die Scythen.	Cinn. III 3 p. 93 und 96.	Nic. II 2 p. 104.
Sommer.	Die Scythen besiegt im Hochsommer.		

---

[1] Bald nach Durchzug der Deutschen u. Franzosen durch Byzanz.

[2] Muralt Essai de Chronographie Byzantine I. Zu d. J. 1147.

[3] ἴαρος γὰρ τῶν Βυζαντίων ἀναχθεὶς λιμένων.

Winter.	Zusammenkunft mit Conrad in Thessalonich [1].	Cinn. II 19 p. 87.	
	Der Kaiser überwintert in Berrhoea. Schickt Contostephan n. Corcyra [2]. Zu diesem stossen d. Venetianer [3].	Cinn. III 4 p. 96, 07.	Chronicon Altinate. Archivio stor. VIII 156. Dandalo Muratori XII c. IX 13 XVII p. 282 (im 18. Jahre des Dogen. [4])
1149	Tod des Stephanos.	Cinn. III 4 p 97	Nic. II 3 p.105—109
	Streit m. d. Venetianern. Zweiter Einfall d. Normannen unt. Admiral Georgios.	Cinn. III 5 p. 98.	Nic. II 5 p. 113-115
	Gegen ihn wird von d. griech. Belagerungsheere vor Corcyra eine Flotte unter Churupes abgeschickt.	Cinn. II 19 p. 87. Cinn. III 5 p. 98.	Dandalo IX 13 XIX p. 282 Chron. Altinato Arch. stor. VIII 157.DaCanaleArch. stor. VIII 310.
cc. Juni-Juli.	Ludwigs Rückkehr aus d. heil. Lande. Erste Schlacht zwisch. Griechen u. Normannen.	Cinn. III 5 p. 101.	Sigeb. Cont. Praem. MS. VI 454 zu 1149
		Cinn. II 19 p. 87	
	Des Königs Befreiung durch d. Normannen; diese fahren weiter n. Constantinopel. Die	Cinn. II 19 p. 88.	

¹ Konrad hatte Ephesus am 25. Dec. verlassen. Vergl. Jaffé Conrad III. 136.

² Muralt zu 1147.

³ Muralt zu 1149.

⁴ Die Angabe Da Canales Arch. stor. VIII 308, dass die Venetianer schon 1147 Hülfe gebracht, erweist sich als falsch durch die Urkunde vom März 1148, (Tafel und Thomas 109) nach welcher die Hülfe der Venetianer erst erwartet wird.

	brennenden Pfeile. Rückkehr d. normannischen Flotte. Dann die zweite Seeschlacht gegen die Griechen. in welcher die Normannen geschlagen werden, und 19 ihrer Schiffe in die Hände der Griechen fallen. Die griech.-venetianische Flotte kehrt bald darauf nach Corcyra zurück und dann	Nicetas III 8 p. 131. In ganz falschem Zusammenhang. Cinn. III 5 p. 101.
nicht vor Ende August. 1149 ? 50	erst wird dieses genommen. [1]	Nic. II 5 p. 115—118
	Beabsichtigter italien. Feldzug. [2]	Cinn. III 4 p. 96 III 5 p. 101. Nic. II 6 p. 118.

[1] Es ist also nicht, wie Muralt 159 annimmt (durch die lateinische Uebersetzung von Cinn. III 5 p. 101, 14 irre geleitet) die Landung Ludwigs in Italien nach der Eroberung von Corcyra anzusetzen. Zwischen der Befreiung Ludwigs und der Eroberung von Corcyra liegt der Angriff der Normannen auf Byzanz, ihre Rückkehr, die zweite Schlacht gegen die Griechen, und die Rückkehr der griech.-venetianischen Flotte nach Corcyra. Also wird doch wohl der König viel früher in Italien angekommen sein. Da die Landung Ludwigs in Calabrien am 29. Juli stattfand (vgl. Kugler Studien 203, 204, 209—211) so kann die Eroberung Corcyras frühestens Ende August Statt gefunden haben. — Die Angabe des Nicetas, dass Corcyra drei Monate lang belagert worden sei, ist falsch. Contostephan wird nach Cinn. II 19 p. 87 und III 4 p. 96 bereits im Winter 1148/49 nach Corcyra geschickt; vor Corcyra treffen schon im Jahre 1148 (nach Dandalo IX 13 XVII p. 282) die Venetianer ein. Die Uebereinstimmung der zerstreuten Stellen bei Cinnamus unter einander und mit den venetianischen Quellen beweist, wie sorgfältig Cinnamus arbeitet und über wie gutes Material er verfügt.

[2] Nach der Eroberung von Corcyra ist bei Cinnamus sowohl als bei Nicetas des Kaisers Absicht ausgesprochen den Kriegsschauplatz nach Italien zu verlegen. Die beiden Quellen ergänzen einander. Nicetas erzählt,

		Nic. II 6 p. 118—120
	Fahrt d. Kaisers nach Aeronesia und Rück-kehr.	
	Sendung des Johannes nach Ancona.	Cinn. III 6 p.102.
Herbst.	Johannes verunglückt.	Cinn. III 7 p. 103.
	Landungsversuch.	
	Krieg des Kaisers geg. d. Dalmater u. Serben.	
Winter.	Rückkehr n. Byzanz.	

das der Kaiser selbst einen Versuch gemacht habe, nach Italien überzusetzen. In Aeronesia hätten ihn Stürme aufgehalten; er sei umgekehrt, habe einen Feldzug gegen die Serben unternommen, und sei dann nach Constantinopel zurückgekehrt. Cinnamus verschweigt seiner Tendenz gemäss die missglückte Fahrt des Kaisers, berichtet aber, dass dieser seinen Feldherrn Johannes nach Italien schickt, der in Ancona landet, um von dort aus den Krieg gegen Roger zu führen; dieser richtet nicht viel aus und leidet unter den Stürmen der herbstlichen Aequinoctialperiode. Der Kaiser zieht unterdessen gegen die Dalmater und Serben, und kehrt in einem strengen Winter nach Constantinopel zurück. — Ob die griechische Flotte unter Johannes im Herbst 1149 oder im Jahre 1150 nach Ancona geschickt worden ist, lässt sich nicht mit Sicherheit feststellen; doch spricht die Wahrscheinlichkeit für das Jahr 1150. Cinn. III p. 103 giebt an, Johannes sei gelandet, während der Kaiser gegen die Serben kämpfte. Dann sei der Kaiser nach Byzanz zurückgekehrt, und im folgenden Jahre habe er einen Krieg gegen die Serben und Ungarn geführt. Den letzteren Krieg können wir mit Bestimmtheit in das Jahr 1151 versetzen. Wenn wir also Cinnamus hier wörtlich nehmen, so fällt die Sendung des Johannes in das Jahr 1150. Freilich schliesst andererseits Cinnamus diese Sendung direct an die Einnahme von Corcyra an, von der wir wissen, dass sie im Jahre 1149 Statt fand. Nun aber erfahren wir aus Nicetas, dass zwischen der Einnahme von Corcyra und der Sendung des Johannes ein missglückter Versuch des Kaisers, nach Italien überzusetzen, liegt, und es würde für dieses Unternehmen und die Expedition des Johannes vom Ende August, in welche Zeit wir frühestens die Einnahme von Corcyra ansetzten (vgl. zu 1149 Anm. 1), bis zum herbstlichen Aequinoctium wenig Zeit gelassen sein. Für das Jahr 1150 würde es auch sprechen, wenn in Cinn. III 6 p. 101 eine Erinnerung an die französ-normannischen Kreuzzugspläne des Jahres 1150 enthalten sein sollte.

1151			
Winter.	Krieg[1] geg. d. Serben. (Dalmater bei Cinnamus[2]) und Ungarn. Schneefall. Manuels Rückkehr n. Byzanz. Rückkehr der griech. Flotte aus Ancona.	Cinn. III 7 p. 103—113. Cinn. III 9 p. 109. p. 113.	Nic. II 7 p. 122
1152			
	Manuels Einfall in Ungarn[3].	Cinn. III 10 - 11 p. 113—118.	Nic. II 7 p. 121—123[4] Contin. Zwetlensis MS. IX 538 zu 1152 Heinrich von Mügeln in Kovachich Sammlung kleiner ungedr. Stücke 76.

[1] Im folgenden Jahre (dazwischen liegt der Winter, den der Kaiser in Byzanz verbringt) fällt Manuel in Ungarn ein. Dieser Angriff fand statt im Jahre 1152. Vergl. Anm. 3. Also ist der Krieg gegen die Serben und Ungarn in das Jahr 1151 zu setzen (nicht 1152, wie Katona, und nicht 1150, wie Muralt annimmt).

[2] Das dalmatinische Binnenland wird urkundlich meist als Dioclea et Serbulia bezeichnet. Calixt II nennt Dioclea superior Dalmatia (Codex dipl. Croatiae et Dalmatiae I. 24); Clemens III sagt Servilia, quod est Bosna (a. a. O. p. 148).

[3] Mit dem Datum der Continuatio Zwetlensis stimmen auch die russischen Annalen, die mir z. Th. nur aus Citaten bekannt geworden sind. Karamsin Gesch. des russischen Reiches (deutsche Uebersetzung) II 206—216 erzählt zum Jahre 1151 einen Krieg zwichen Ungarn und Griechen; 1152 Geisas Feldzug nach Russland, dann Manuels Einfall in Ungarn, Geisas Rückkehr nach Ungarn in demselben Jahre Er arbeitet wahrscheinlich nach einer ausführlichen Darstellung dieses Feldzugs, welcher nach Bostushew-Rjumin Geschichte Russlands (deut. Uebersetzung) p. 128 von einem gleichzeitigen Chronisten geschildert sein soll (Samml. russ. Chroniken II 22—74). Leider habe ich diese Chronik nicht lesen können, da ich des Russischen nicht mächtig bin. Es würden sich aus ihr vielleicht interessante Resultate ergeben, da sie nicht in dem üblichen Chronikenstil gehalten zu sein scheint. Auch die Laurentiushandschrift der Kiever Chronik, welche Müller in seinen „Russischen Geschichten" übersetzt hat, verlegt p. 327 den russischen Feldzug Geisas in das Jahr 1152.

[4] Nicetas p. 120 fügt zwischen 1151 u. 1152 die Sendung des Michael Palaeologus hinzu, die er offenbar mit derjenigen des Johannes verwechselt.

Winter. 1153	Manuels Rückkehr n. Byzanz.	Cinn. III 11 p. 118.	
August. 1154	Der Kaiser wahrscheinlich i. Byzanz. Schenkung an die Sophienkirche.		Zachariae Jus Graeco-romanum III 446.
Febr.	Tod Rogers v. Sicilien[1].	Cin. III 12 p.118.	
	Krieg mit Ungarn und Friede.	Cinn. III 12—18 p. 118—121.	Nic. III 1 p. 132.
	Unvorsichtiger Angriff d. Constantinus Angelos auf e. aus Aegypten zurückkehrende normann.Flotte[2].Angelos gefangen. Die griech. Flotte vernichtet.		Continuat. Sigeberti Praem. MS. VI 456 Romuald v. Salerno MS XIX 424 Dandalo IX 15 III 287.[3]
Winter. 1155		Cinn. 121.	
	Feldzug gegen Ungarn und Friede[4].	Cinn. III 14 p. 121.	Nic III 1 p. 132
	Verschwörung des Andronicus.	Cinn. III 11 p. 121—130.	Nic. III 1 p. 133.
	Neuer Ungarnkrieg[4].	Cinn. III 19 p. 130.	Nic. III 1 p. 133 Otto Frs. Gesta. 158 (Niederlage d.Griechen in Ungarn)

[1] Vergl. Jungfor 15, der die Stellen gesammelt hat.

[2] Die Niederlage und Gefangennahme des Constantin Angelos steht bei Nicetas II 7 p. 127 in falschem chronologischen Zusammenhange.

[3] Die Flotte wurde wahrscheinlich unter Roger ausgeschickt, und kehrte nach seinem Tode zurück.

[4] Muralt versetzt in das Jahr 1152 zwei Feldzüge Manuels gegen Ungarn, die Cinnamus (III 14 p. 121—130) nach der Erwähnung von Rogers von Sicilien Tod im Jahre 1154 erzählt. Cinnamus würde also seine bisher streng eingehaltene chronologische Schreibweise an dieser

	Zugleich wird in Italien gekämpft.	Nic. III 1 p. 133.
Juli — August.	Gesandschaft d. Michael Palaeologus und Johannes Ducas in Ancona.	Cinn. IV 1 p.135. Otto Fris. Gesta. 143.
Winter.	Cantacuzenus überwintert in Berrhoea.	Cinn. III 19 p. 133.
1156		
	Neuer Feldzug gegen Ungarn u. Friedensvertrag.	Cinn. III 9 p 133, Nic. III 1 p. 134 131.

Stelle vernachlässigt haben. Zwischen diesen beiden ungarischen Feldzügen erzählte Cinnamus III 15 p. 123—129 und Nicetas III 1 p. 133 die Verschwörung des Andronicus. Aus den von Muralt citirten orientalischen Quellen lässt sich keine sichere Datirung derselben feststellen. Das Zeugniss des Bar-Hebraeus Chron. Syriacum ed. Brunn p. 349 würde Cinnamus unterstützen, denn er verlegt den Zug des Andronicus gegen Theodorus, welcher der Verschwörung unmittelbar vorangeht, in das Jahr 1154. Ihm steht allerdings Samuel Aniensis edd. Aug. Maius et Joh. Zahrabus II p. 79 gegenüber, der den Feldzug gegen Theodorus unter dem Jahre 1152 anführt. Doch ist bei der eigenthümlichen Schreibweise und textlichen Ueberlieferung des Samuel Aniensis ein Irrthum leicht möglich. Wenden wir uns zu Cinnamus! Er erzählt III 12 p. 118 den Tod Rogers, dann seines Nachfolgers Wilhelm Friedensangebot und die Niederlage der byzantinischen Flotte, die uns der Fortsetzer Sigeberts zum Jahre 1154 berichtet; er schliesst p. 121: τοιαύτα καινοτομήσαν εἴηκεν ἤδη τό ἔτος ἐκεῖνο. Dann im nächsten Jahre folgen die zwei ungarischen Feldzüge und zwischen ihnen des Andronicus Verschwörung. Nicetas III 1 p. 133 erzählt, dass während des zweiten Ungarnkrieges in Italien gekämpft wird. Im Juli/August 1155 findet, wie wir wissen (Otto Fris. Gesta. 143), die Zusammenkunft der griechischen Gesandten mit Friedrich in Ancona statt; darauf wird der Krieg auf italienischem Boden eröffnet. Dann erfahren wir Cinn. p. 133, dass Cantacuzenus in Berrhoea überwintert; im ersten Frühjahr ist ein Ungarnkrieg und jetzt (p. 134) beginnt der italienische Krieg in grösserem Maasstabe betrieben zu werden. Diese Angabe wird bestätigt durch die ausführliche Darstellung des italienischen Krieges bei Cinn. IV 10 p. 158 ff. Wir werden also bei der Uebereinstimmung zwischen Cinnamus und Nicetas in der chronologischen Verknüpfung der ungarischen Feldzüge mit den italienischen Angelegenheiten, deren Datirung aus anderen Quellen feststeht, die beiden ersten Ungarnkriege und den Aufstand des Andronicus in das Jahr 1155 verlegen.

Frühjahr	Jetzt beginnt der ital. Feldzug energischer geführt zu werden.	Cinn. III 9 p. 134 u. IV 10 p. 158.	
Ostern.		Cin. IV 10 p. 159.	
	Eine griech. Flotte unt. Alexius nach Italien geschickt.	.	Nic. [1] II 7 p. 124.
Mai-Juni	Niederlage d. Griechen, Ducas gefangen.	Cinn. IV 13 p. 166 f.	Nic. II 7 p. 125. Boso Vita Hadriani bei Watterich II 332 Annales Pisani MS XIX p. 343. Annales Cecoanenses MS XIX p. 284. Annales Cassinenses MS XIX p. 311. Hugo Falcandus Muratori SS. VII 264, 268 ff.
1156 ? 57	Sendung des Alexius nach Ancona [2]. Vertrag mit Ancona.	Cinn. IV 14 p. 170 ff.	
1157			
Mai	Manuel präsidiert einer Synode in Byzanz. Manuel ist im Begriff ins Feld zu ziehen (gegen wen?)	Cinn. IV 16 p. 176, 177. .	Angelo Mai Spicileg. Romanum X 58. Mai Spic. X 87.

[1] Des Nic. Bericht ist voll Irrthümer. Vergl. Excurs I. p. 124.

[2] Wann der Vertrag geschlossen ist, lässt sich nicht genau feststellen. Cinn. 170 erzählt die Sendung des Alexius nach Ancona sogleich nach der Niederlage der Griechen im Juni 1156, während sie Nic. mit den Friedensverhandlungen aus dem Sommer 1158 in Verbindung bringt. Aber aus italienischen Quellen können wir den Aufstand der normannischen Barone, mit welchem die Sendung des Alexius bei Cinnamus in Zusammenhang steht, auf November 1157 datiren. Wir gewinnen also für den möglichen Abschluss des Vertrages die Zeit von Sommer 1156 bis Nov. 1158. Wenn also Prutz I 152 behauptet, dass die griech. Gesandten im Frühjahr 1158 seit Jahren in Ancona weilen, so möchte dies ebensowenig genau sein, wie wenn Giesebrecht 147 sagt, dass sie vor Kurzem gelandet.

Novmbr.	Feldzug des Constantin Otto und Andreas de Rupecanina mit den Griechen gegen Apulien. [1]	Cinn. IV 14 p. 170—172.	Nic. II 8 p. 128. Ann. Ceccanenses MS XIX 284 zu 1157 Annal. Cassinenses MS XIX 311 zu 1157.[2]
1158			
Frühj.	Expedition Reinalds v. Dassel und des Pfalzgrafen Otto v. Wittelsbach.		Sudendorf. Reg. II 131.
cc. Juni	Die griech. Flotte bei Egripus von der normannisch. geschlagen.		Ann. Pisani MS XIX 243 Romuald MS XIX 429.
nach Spt.	Friede zwisch. Byzanz und Sicilien. [3]	Cinn. IV 15 p. 172—175.	Nic. II 8 p.120. Romuald MS XIX 429. Annal. Cassinenses. XIX 311 zu 1158.
Dez.	Manuels Expedition gegen Toros von Armenien. [4]	Cinn. IV 17 p. 178 ff.	Nic. III 1 p. 134 ff. Wilhelm von Tyrus XVIII 23 p. 859 ff. Ann. Cameracenses MS XVI 532. Bar-Hebracius Chron. Syriacum ed Bruns 356.
1159			
	Einnahme von Tarsus. Verhandlungen mit König Balduin v. Palästina.	Cinn. IV 17 p.180. Cinn. IV 19 p. 183 ff.	
Himmolfahrtstg. 21. Mai	Der Kaiser in Antiochia m. König Balduin.	Cinn. IV 19 p. 185.	Nic. III 3 p. 141, III 4 p. 145. Gesta Frid. III 47 p. 224. Wilh. v. Tyrus XVIII p. 864.

[1] Muralt zu 1156.

[2] Eroberung von S. Germano. Cinn. p. 171.

[3] Die Erzählung des Cinnamus wird durch Nicetas und die italienischen Quellen berichtigt, welche das Verhältniss der Paciscenten zu einander ganz anders darstellen, als Cinnamus.

[4] Vergl. Muralt zu 1156.

Winter.	Rückkehr n. Byzanz.	Cinn. IV 21 p. 191.	
	Des Kaisers Zug nach Dorylaeum [1].	Cinn. IV 22 p. 191.	
	Im harten Winter Rückkehr nach Byzanz.	Cinn. IV 22 p. 194.	
1160			
	Feldzug geg. d. Perser.	Cinn. IV 23 p. 194 ff.	
	Grosse Rüstungen Manuels.	Cinn. IV 24 p. 198 ff.	
	Feldzug geg. d. Perser und Friede.	Cinn. IV 24 p. 201.	
	Feldzug gegen die Scythen.		
	Tod d. Kaiserin Irene.	Cinn. V 1 p. 202.	Nic. III 5 p. 151.
	Werbungsgesandschaft Manuels um Melusine, Schwester des Grafen von Tripolis [2].	Cinn V 4 p 208.	Wilh. v. Tyrus XVIII 31 p. 874 ff.
1161			
31. Mai	Tod Geisas v. Ungarn.	Cinn. V 202 ff.	Nic. IV 1 p. 165 ff. Turotzius bei Schwandtner SS. rer. Hung. I 146.
	Ungarisch. Thronstreit zwischen Wladislaw u. Stephan.	Cinn. V 203.	Heinr. von Mügeln LIII 77.
	Zug des Kaisers nach Sardica.	Cinn. V 202.	
	Serbischer Krieg.	Cinn. V 203—204.	
Winter.	Der Kaiser in Byzanz.	Cinn. V. p. 204 bis 211.	
	Besuch des Sultan Kilisch-Arslan i. Byzanz.	Cinn. V p. 204 bis 208.	Nicetas III 5 p. 154. Bar-Hebraeus 358.

[1] Nach Cinn. IV. 23, p. 194,19 kann die Expedition gegen Dorylaeum nicht viel Zeit in Anspruch genommen haben.

[2] Nicht 1161, wie Wilken 69 und der Herausgeber Wilhelms von Tyrus annehmen. Ein Jahr später bewirbt sich Manuel um Maria von Antiochien. Wilh. von Tyrus XVIII 31 p. 875 und 34 p. 880.

25. Dez.	Vermählung Manuels m. Marie v. Antiochien.[1]	Cinn. V 5 p. 211.	Nic. III 5 p. 151.
1162			
19. Febr.	Tod Wladislaus' v. Ungarn.	Cinn. V 5 p. 211 ff.	Nic. IV 1 p. 166, 167 Heinrich von Mügeln. LIII 77 vgl. Katona IV 22.
21. März	Der Kaiser in Philippopel.	Cinn. V 5 p. 211	
21. Juni	Niederlage Stephans i. Ungarn.		Turotzius. 88. rer. Hung. I 68 p. 147. Heinrich von Mügeln LIII 77.
Winter.	Manuels Rückkehr n. Byzanz.	Cinn. p. 215.	
1163 ? 64			
1164	Missglückter Angriff Manuels auf Kilisch-Arslan v. Konium.		Ibn - alatin Du Kamel - Altovarykh. Receueil des hist. des croisades. Hist. orient. I 543.
	Nureddin bedroht Antiochia.	Cinn. V 6 p. 215.	
	Gefangennahme d. Constantinus Culmanus u. Boemunds v. Antiochia etc.[2]	Cinn. V 6 p. 216.	Wilh. v. Tyrus XIX 9 p. 895.

[1] Die Hochzeit findet statt am 25. Dezember 1161 kurz vor dem Tode König Balduins, der am 10. Februar 1162 stirbt. Vergl. Wilh. v. Tyrus XVIII 31 p. 376 und 34 p. 880.

[2] Wilhelm von Tyrus erzählt den Zug Amalrichs nach Aegypten im zweiten Jahre der Regierung Amalrichs, der 1162 den Thron besteigt. In das Jahr 1164 setzen ihn noch folgende Quellen: Sigeb. Cont. Aquiciustina MS VI 411. Robert de Monte MS VI 514 Aboalfeda. Rec des hist. des crois; hist. orient. I. 34, 35. Vergl. die Note zu dem Briefe Bouquet XVI 61: 1164 missa est haec epistola. Ann. Blandinenses MS V 29 erzählen, Dietrich Graf von Flandern sei 1164 nach Jerusalem gepilgert. Diesen trifft Amalrich bei seiner Rückkehr. Die Gefangennahme Boemunds etc. erzählt Wilhelm von Tyrus nach

Manuels Absicht einzu-greifen.	Cinn. V 6 p. 216.	
Manuels Feldzug geg. Ungarn.	Cinn. V 6 p. 216 ff.	
Hülfe der Böhmen, Deutschen, Russen an Stephan v. Ungarn[1].	Cinn. V 7 p. 218	Vincenz v. Prag. MS XVII 681 zu 1164. Ann. Pragenses MS III 121 zu 1164. Ragewini appendix 341 zu 1164.
Rückzug des Kaisers.	Cinn. V 8 p. 224	
Sendung des Alexius nach Cilicien.	Cinn. V 9 p. 227.	
Sendung des Nicephorus Chalupes n. Venedig.	Cinn. V 9 p. 228.	
Veronesisch-venetianischerKrieg geg. Friedrich[2].		Chron. Altinate. 161 Ann. Veronenses MS XIX 4 zu 1164.
Des Andronicus Flucht nach Galizien.	Cinn. V 11 p. 234.	vgl. die Stellen bei Muralt 183—184. Nic. IV 2 p. 168 bis 171.
Manuels Zug n. Russland.	Cinn. V 11 p. 235.	Nic. IV 2 p. 173
Amalrich v. Palästina heirathet eine griech. Prinzessin.	Cinn V 13 p. 238	Wilh. v. Tyrus XX 1 p. 942. vergl. Wilken III 2 p. 79.
Winter. Vorbereitungen zum Frühjahrsfeldzuge.	Cinn. V 13 p. 238.	
Kämpfe d. Ungarn mit Gabra und Brana.	Cinn. V 13 p. 239	Nic. IV 3 p. 173.

dem ägyptischen Zuge Amalrichs. Auch Kamâl ad-dîn (in Rörhicht Beiträge zur Geschichte der Kreuzzüge I 327) erzählt die Gefangennahme Boemunds z. J. 1164. Daher ist die Datirung des Herausgebers von Wilhelm im Recueil des hist. des croisades zum J. 1163 zu verwerfen. (Wilken und Muralt richtig zu 1169).

[1] Katona zu 1163. Muralt zu 1164.
[2] Muralt zu 1165.

1165			
13.Ap. (?)	Tod Stephans von Un-garn [1].	Cinn. V 13 p. 239.	Nic. IV 1 p. 167.
Juni.	Manuels Zug an die Donau.	Cinn.V 14 p. 240	
	Belagerung v. Zeugme.	Cinn. p. 245.	Nic. IV 3 p. 171. 177. Heinr. von Mügeln LV p. 79. 80.
	Rückkehr d. Androni-cus zu Manuel?.	Cinn. p. 246.	Nic. IV 3 p. 173.
Winter	Rückkehr des Kaisers nach Byzanz.	Cinn. p. 248.	
	Nicephorus Chalupes Eroberung von Dal-matien.		
	Friede mit Ungarn.		
	Drohender Aufstand d. Serben.	Cinn. p. 249.	Nic. IV 4 p. 178.
1166			
	Andronicus vermählt sich mit Philippa, Schwester d. Kaiserin. geht n. Palästina.	Cinn. VI 1 p.250.	Nic. IV 4 p. 180.[3] Wilh. v. Tyrus XX 2 p. 943.

---

[1] Bei Turotzius Cap. 68 SS. rer. Hung. I 147 wird der Tod Ste-phans IV angegeben: anno millesimo septuagesimo tertio idus Aprilis feria quinta (andere Lesart: septuagesimo tertio tertio idus Aprilis etc.) Weder 1173 noch 1163 stimmt mit der Bezeichnung des Wochen- und Monatstages, mag man nun tertio idus Aprilis lesen oder idus Aprilis. Statt septuagesimo ist jedenfalls zu lesen sexagesimo: die Chronik macht denselben Fehler auch schon in cap. 67 beim Tode von Ladislaus. Wenn wir quinta und tertio umstellen stimmt der Wochentag zum Monats-tag. Es wäre also zu schreiben: anno millesimo sexagesimo quinto idus Aprilis feria tertia. Diese Datierung passt zu Cinnamus.

[2] Vergl. Karamsin Geschichte des russischen Reiches (deutsche Uebersetzung) II 348 Anm. 176: nach der Woscresenischen Chronik sei Andronicus im Jahre 1165 zu Jaroslaw nach Halitsch gekommen, und in demselben Jahre zurückgekehrt. (Ueber die Woscresenische Chronik vergl. Karamsin I p. XXXV); vergl. auch Muralt 186.

[3] Vergl. Excurs I p. 124—125.

April	Synode zu Constantinopel über die Person Christi.	Cinn. p. 251.	Zachariae Jus Graeco - romanum III 485. Angelo Mai Script. vet. nova collectio. IV 1.
	Krieg geg. d. Ungarn. Heinrich von Oesterreich und Otto von Wittelsbach als Gesandte Friedrichs in Byzanz [1].	Cinn. p. 257 ff.	Ragewin. app. 312 zu 1167 (dem Zusammenhange nach 1168). Cont. Zwetlens. MS IX 538 zu 1166.
	Verlobung Heinrichs v. Oesterreich mit der Tochter Stephans v. Ungarn.		Cont. Admontens. MS IX zu 1166. Cont. Claustro-Neoburgensis MS IX 615 zu 1165.
	Einfall der Ungarn in Dalmatien.		Cod. dipl. Croat. et Dalm. 70 und 71
Winter. 1167	Rückkehr nach Byzanz.	Cinn. p. 263	
Frühj.	Beabsichtigter Feldzug gegen Ungarn. Manuels Verwundung u. Krankheit.	Cinn. VI 5 p. 263 ff.	
Ostern.	Aufenthalt i. Selymbria.	Cinn. p. 265.	
	Aufenthalt in Sardica.		Nic. V 1 p. 196.
	Contostephan, Oberbefehlshaber im Ungarnkrieg.	Cinn. p. 270.	Nic. IV 1 p. 166 u. 167.
18. Juli.	Sieg über die Ungarn.	Cinn. p. 272.	Nic. V 1 p. 198. Ragewin app. zu 1168 (1167 d. Zusammenhange nach.)
	Hülfe Heinrichs von Oesterreich.		Cont. Zwetlensis MS IX 538 zu 1167.
	Rückkehr n. Byzanz.	Cinn. p. 274.	Nic. V 3 p. 205.
9. Dez.	Griech. Gesandte i. Venedig.		KurzeVen.Ann.N.A. I 405 zu 1167. Dand. IX 15 XV p. 291.

[1] Muralt zu 1167.

10

1168?			
1168	Bau der Mauern etc.	Cinn. VI 8 p. 274 bis 278.	
ca. Sept.	Der Kaiser Frühjahr u. Sommer über i. Musse. Im Herbst Feldzug gegen die Serben [1].		Nic. V 4 p. 206.[3] Wilh. v. Tyrus XX 4 p. 947[2].
1169			
Juli.	Abfahrt d. griech. Flotte nach Aegypten.	Cinn. VI 9 p. 278.	vgl. Wilken IV 137 ff. und Muralt 194 u. 195.
Herbst.	Andronicus Feldzug i. Aegypten.		Nic. V 4 p. 208 ff.
ca. Dez.	Rückkehr der griech. Flotte.	Cinn. p. 280.	Nic. p. 219.
1171			
	Des Königs von Palästina Besuch i. Byzanz.	Cinn. VI 10 p. 280.	Wilh. v. Tyrus XX 22 p. 930.
12. März.	Gefangennahme d. Venetianer.	Cinn. VI 10 p. 280.	Chronic. Altin. 164. Dandalo 293. Kurze Ven. Ann. N. A. I 405. Nic. V 9 p. 222.
1172			
	Heinrich der Löwe in Byzanz.	Cinn. VI 11 p 286.	Arnold chron. Slavorum MS XXI 115 ff. Ann. Palidenses etc.
1173			
	Tod Stephans von Ungarn. Rückkehr Heinrichs des Löwen.	Cinn. VI 11 p. 286.	Nic. V 8 p. 221. Arnold chron. 117.
	Belagerung v. Ancona.	Cinn. VI 12 p. 288.	Nic. VII 1 p. 262 vgl. Varrentrapp Christian v. Mainz 57 ff.

---

[1] Muralt zu 1169.

[2] αἱ δὲ χειμέριαι τροπαὶ ἤδη παρεςκυδρώπαζον (ungenau).

[3] Manuel trifft Wilhelm v. Tyrus auf der Rückkehr von seinem Feldzug am 1. Oct.

1175			
	Manuels Feldzug geg. Kilidsch-Arslan.	Cinn. VII 1—3 p. 291-9⁸.	Nic. VI 1 p. 237 ff. Brief Alex. v. Jan. 1176. Jaffé R. 8422.
	Aufbau v. Dorylaeum.	Cinn. p. 294 u. 297.	Nic. p. 227 u. 229.
Winter. 1176	Rückkehr n. Byzanz.	Cinn. p. 298.	Nic. p. 229.
Frühling	Feldzug nach Asien. Schlacht bei Myriokephalon.	Cinn. VII 3 p 298—300.	Nic. VI 1 p. 229. Romuald MS XIX 443. Wilh. v. Tyrus XXI 12 p. 1024. Brief Manuels. Bouquet XV 152. vita Alexdri Watterich II 434.

Ich schliesse hier eine Uebersicht der mir bekannt gewordenen Briefe von Kaiser Johannes und Manuel an.

1124. Juni.	Theiner und Miclosich. Monumenta spectantia ad unionem etc. 1.
1126. April.	Theiner und Miclosich 4.
post 1146.	Otto Fris. Gesta. I 23 p. 40.
1146. August.	Bouquet XV 440 und Theiner und Miclosich. 6.
1151. März.	Wib. ep. 325 p. 454.
1153. 22. November.	Wib. ep. 424 p. 561.
1160.	Wilhelm von Tyrus. XVIII. 30 p. 875.
1162.	Bouquet XVI 82.
1176—77.	Bouquet XVI 349.
1176 - 77.	Ann. Stadenses. MS. XVI 349.
1180—81.	Bouquet XV 974.

III. CHRONOLOGIE DER ERSTEN VERHANDLUNGEN ZWISCHEN FRIEDRICH I. UND MANUEL.[1]

Jungfer p. 12 setzt den ersten Brief Manuels bald nach März 1153; er folgt darin Jaffé Wib. ep. 548, welcher sich für die Datirung auf die Reihenfolge der Briefe in der Handschrift des Wibaldinischen Kodex stützt. Dettloff 27 setzt ihn zu September 1153 nach Gesta II. 11. Otto v. Freising berichtet hier von einem Reichstage zu Regensburg, auf welchem Friedrich Gesandte nach Byzanz schickt, theils um seine Verbindung mit einer griechischen Prinzessin, theils um einen Kriegszug gegen Wilhelm von Apulien, der jüngst seinem Vater Roger gefolgt war, zu verabreden. Träger der Gesandschaft ist Anselm von Havelberg, der nach Gesta II. 20 im Mai 1155 zurückkehrt.

Nun ist aber Wilhelm von Sizilien erst im Februar 1154 seinem Vater Roger gefolgt, also ist ein Fehler in dem Berichte Ottos. Dettloff versucht folgende Heilung: er weist Anselm von Mitte Januar bis Mitte Mai 1154 als Zeugen in Kaiserurkunden nach (Stumpf 3680. 3681, 3684, 3688); dann erscheint Anselm erst wieder im Mai 1155 im Gebiet von Modena. Sein Fehlen in Diplomen vom Juni 1153 bis Januar 1154 und vom Mai 1154 bis Mai 1155, wo Anselm von seiner Gesandschaft zurückkehrt, veranlasst Dettloff eine zweimalige Gesandschaft Anselms anzunehmen.[2] Giesebrecht p. 32 meint, dass nicht Anselm von Regensburg aus im September 1153 nach Byzanz geschickt sei, sondern andere Gesandte, welche den

---

[1] Vergl. p. 52—56.

[2] Der Ansicht Dettlofs schliesst sich der neueste Bearbeiter der Frage Eugen Dombrowski Anselm von Havelberg 48 ff. an.

ersten Brief Friedrichs überbracht hätten. Anselm wäre erst im Herbst 1154 abgesandt worden (vgl. Giesebrecht 37). So wäre also der Fehler Ottos aus einer Kombination zweier Gesandschaften entstanden, von denen die eine im September 1153, die andere im Herbst1154 abgeschickt sein würde.

Aber sagt denn Otto wirklich, dass Anselm, dass überhaupt Gesandte im September 1153 von Regensburg abgeschickt worden sind? — Er erzählt den Tod Eugens (8. Juli 1153). Sein Nachfolger Anastasius sendet den Kardinal Gerhard (7. Febr. 1154 nach Wib. ep. 430), noch am 11. Februar lässt sich Gerhard Stae Mariae in via lata, der einzige Kardinal des Namens Gerhard, als Zeuge in einer päpstlichen Urkunde nachweisen (Calmet Hist. de Lorraine II. Pr. 348). Dieser soll nach Otto zur Weihnachtsfeier zum König nach Magdeburg gekommen sein. Weihnacht 1154 ist Friedrich in Italien. Schon Prutz hat vermuthet, dass Otto hier Weihnachten 1153 mit Ostern 1154 verwechselt, wo in der That (nach Annales Magdeburg. MS XVI. 191, Chron. mont. Sereni MS XXIII. 149) Friedrich das Fest zu Magdeburg feiert. Otto erzählt weiter, dass der Kaiser den Erwählten von Magdeburg, Wichmann nach Rom schickt. Dies geschieht, wie wir aus Winter Regesten Wichmanns (in Forschungen zur deutschen Geschichte XIII. 134) ersehen, im Sommer 1154. Circa idem tempus, fährt Otto fort, mense Septembri werden die Fürsten von Baiern in Regensburg versammelt.

Der ganze Zusammenhang weist also auf das Jahr 1154, und zu demselben Ergebniss führt folgende Erwägung: Im September 1153 scheint Friedrich gar nicht in Baiern gewesen zu sein, während doch nach Otto eben damals von Regensburg aus die Gesandschaft abgegangen sein soll. Wir finden ihn am 12. Juli in Erstein (Stumpf 3675), dann in Würzburg (Wib. ep. 417), dann in Aachen (Wib. ep. 421), dann am 1. November in Köln (Wib. ep. 422). Vom Jahre 1154 dagegen wissen wir durch Otto, dass Friedrich aus Aachen, wo wir ihn am 11. Juni nachweisen können, nach Baiern gezogen ist; von dort ist er nach Schwaben gegangen; auf dem Lechfeld bei Augsburg, an der Grenze Schwabens und Baierns, hat er Anfang Oktober die Truppen versammelt. Regensburg lag nun auf dem Wege, den Friedrich von Sachsen durch Schwaben und Baiern einschlug. Es scheint mir hiernach nicht mehr zweifelhaft, dass der Regensburger Reichstag, von dem Otto spricht, in das Jahr 1154 zu setzen ist. Wenn nun Otto nach dem Regensburger Reichstag fortfährt: *proximo dehinc mense Decembri uterque dux Heinricus itidem et Heinricus judicio principis in civitate Spira adsistunt*, so sind wir genöthigt, hier einen chronologischen Irrthum Ottos anzunehmen, denn diese Angabe bezieht sich zweifellos auf das Jahr 1153.

Anselm ist also im September 1154 von Regensburg aus nach Byzanz geschickt worden. Demnach können wir ihn jetzt nicht mehr als Träger der ersten Legation Friedrichs an Kaiser Manuel betrachten. Drei Gesandschaften sind vorhergegangen: eine griechische vom 22. November 1153 [1]; vorher eine deutsche, von der uns Friedrichs Brief erhalten ist, [2] und eine griechische, auf welche Friedrich in diesem Briefe Bezug nimmt.

Die beiden letzteren gilt es noch zu datieren.

Da wir für eine Gesandschaftsreise von Deutschland nach Byzanz zwei Monate rechnen können, [3] so würde für Friedrichs Schreiben Mitte September der terminus ad quem sein. Es ist jedenfalls nach März 1153 abgeschickt, wo Friedrich zu Konstanz die Scheidung von seiner Gemahlin vollzog: in dem Schreiben bewirbt sich Friedrich um eine griechische Prinzessin. Vielleicht können wir den terminus a quo noch genauer bestimmen. Friedrich schreibt, dass er die Herfahrt nach Apulien und Sizilien, die durch den Eidschwur aller Fürsten dem Herkommen gemäss beschworen sei, angesagt habe „*et in superveniente aestate disposuimus*". "*Superveniente aestate*" heisst „im nächsten Sommer" oder „beim Beginn des

---

[1] Wib. ep. 424 p. 561.
[2] Wib. ep. 410 p. 548.
[3] Vergl. Liudprand Antapodosis MS. III. 337. Liudprand verlässt am 23. Aug. Venedig und ist am 17. Sept. in Byzanz. Von Deutschland nach Venedig können wir kaum 1 Monat rechnen.

nächsten Sommers"; [1] also kann der erste Brief Friedrichs an
Manuel nicht im Frühjahr 1153 abgesandt sein: er ist auf
Sommer — Herbst 1153 anzusetzen.

Wahrscheinlich ist er nicht vor dem September 1153
geschrieben; Friedrich hatte dringend um schleunige Antwort
gebeten, und Manuels Brief vom 22. November wird gleich
nach Empfang von Friedrichs Schreiben abgeschickt worden sein.
Bei dieser Annahme wäre Manuels erster Brief an Friedrich etwa Mai — Juli zu datiren. Es ist also sehr wohl möglich,
dass der Annäherungsversuch Manuels erst erfolgt ist, nachdem er von der Einigung Friedrichs mit Eugen in der Konstanzer Abkunft im März 1153 Kunde erhalten hatte. [2]

---

[1] Man könnte den Ausdruck superveniente aestate zunächst für
eine wörtliche Uebersetzung des deutschen „im übernächsten Sommer"
halten, und es wäre sonach der Brief in das Frühjahr 1153 zu setzen.
Wir finden aber das „übernächste Jahr" in Urkunden Friedrichs
und in Quellen dieser Zeit durch Zusätze wie „post annum" wieder-
gegeben. Wib. ep. 383 p. 515 a proximis Kal. Junii infra annum.
Otto Morena MS. XVIII. 590 zu 1154 mit Bezugnahme auf ein Edikt
Friedrichs „usque ad festum St. Michaelis proxime venientis et unum
annum." Annales Colonienses ed. Waitz 144 zu 1189 a festo St. Mat-
thaei post annum. — Dandalo IX 12 XV p. 272 steht superveniente vere in
der Bedeutung „beim Beginn des Frühjahrs". Es kann an dieser Stelle nicht
„beim Beginn des übernächsten Frühjahrs" bedeuten. Dandalo beschreibt
eine Expedition des Dogen Dominicus Michael nach Byzanz und nach dem
heiligen Lande. Die Expedition dauert zwei Jahre und 10 Monate (Dand
IX 12 XV p. 272); er kehrt zurück im Jahre 1125 (kurze venet. Annalen
Neues Archiv I. 404). An der betreffenden Stelle Dandalos finden wir
den Dogen auf der Rückreise begriffen, und zwar hat er Ancona am
15. Febr. im 7. Jahre seiner Regierung verlassen; das 7. Jahr seiner
Regierung ist frühestens das Jahr 1124, denn er wird eingesetzt im
Jahre 1118 (vergl. die Urkunde bei Romanin Storia di Venezia II. 28).
Wenn er am 15. Febr. 1124 Ancona verlässt, von dort nach Tyrus fährt,
in Chios überwintert (alles nach Dandalo) und dann superveniente vere
Chios verlässt, so kann nur das Frühjahr 1125 gemeint sein. — Nun
ist zwar „superveniente vere" an dieser Stelle nicht zu übersetzen:
„im nächsten Frühjahre" sondern „beim Anbruch des (nächsten) Früh-
jahres". Wenn es aber die letztere Bedeutung haben kann, so kann
es offenbar nicht zugleich heissen „beim Anbruch des übernächsten
Frühjahrs."

[2] Vergl. p. 52.

IV. WANN HAT MANUEL ALEXANDER AN-ERKANNT?[1]

Giesebrecht p. 428 und 429 hat die Briefe Manuels und Ubalds von Ostia an Ludwig von Frankreich und den Brief Wilhelms von Pavia an Manuel[2] in die Jahre 1164 und 1165 verlegt und sie mit einem Briefe Alexanders an Ludwig,[3] der zweifellos in das Jahr 1165 gehört, in Verbindung gebracht. Wir können vorläufig annehmen, dass die Briefe 1, 2, 3 (ich bezeichne sie nach der Reihenfolge, in der ich sie erwähnt habe) zusammengehören, eine Voraussetzung, die auch Giesebrecht macht und die sich uns später bestätigen wird. Allerdings ist ja die Aehnlichkeit der Situation auffallend, in der diese Briefe und Brief 4 geschrieben sind. Hier wie dort ist ein Brief Ludwigs an Manuel vorangegangen, in dem er sich zu Gunsten Alexanders verwandt hat; Manuel hat die Antwort nach ep. 1, 2, 3 und ep. 4 an den Erzbischof von Benevent geschickt, in ep. 1 entschuldigt er sich, dass es ihm nicht möglich sei, einen eigenen Boten zu schicken; in ep. 4 nimmt Alexander auf die gleiche Entschuldigung Manuels Bezug. Nichts destoweniger wird uns eine Analyse der Briefe zeigen, dass diese Uebereinstimmung eine zufällige ist.

Manuel schreibt in ep. 1, seit dem Kreuzzuge habe er für Ludwig treue Freundschaft bewahrt. er habe beschlossen, diesen Bund neu zu befestigen durch die Vermählung mit einer Verwandtèn des fränkischen Königshauses, der Tochter Raimunds von Antiochia: *imperium nostrum consortem ducere decrevit.*

---

[1] Vgl. p. 71 ff.
[2] Bouquet XVI. 82 — 81 — 55.
[3] Bouquet XV. 814.

Diese Vermählung fand statt am 25. Dezember 1161.[1]
Also ist der Brief vor dem 25. Dezember 1161. geschrieben
Oder wollte Jemand einwenden, dass das *ducere decrevit* auf
Kosten des byzantinischen Kanzleistils zu setzen sei und sich
auf die fertige Thatsache beziehe, deren Ausführung der hoch-
müthige Kaiser mit dem Entschlusse gleichsetzte?
Sehn wir weiter.

Daher wünscht der Kaiser in der Folge einen häu-
figeren Gesandschaftsverkehr zwischen den beiden Reichen.
Es wäre auffallend, wenn sich Manuel erst im Jahre 1165
dieses Motives erinnerte, nachdem zwischen dem Jahre 1161,
wo die Vermählung stattfand, und dem Jahre 1165, im Jahre
1163 eine griechische Gesandschaft Monate lang in Frankreich
verweilt hat.

Manuel schreibt, er habe einen Brief Ludwigs empfangen,
in welchem dieser berichtet, es sei *coadunatione ecclesiarum
caeterarumque nobilium personarum tractatum et confirmatum,
quasi justum papam Alexandrum suscipiendum esse.* Ludwig
kann hier nur die Synode von Toulouse meinen, welche wahrscheinlich März 1161 stattfand, jedenfalls innerhalb des Jahres
1161. Diese Nachricht hat Manuel soeben (nunc) erhalten.
Ludwig hat Manuel aufgefordert, in Folge dessen Alexander
die schuldige Ehre zu erweisen. Im Jahre 1165 hatte Manuel
Alexander längst förmlich anerkannnt, hier erklärt er sich
beréit, die Bitte Ludwigs zu gewähren. Diese Erwägungen
führen mit Nothwendigkeit dahin, den Ausdruck *ducere decrevit* wörtlich zu fassen und den Brief vor dem 25. Dezember
1161 anzusetzen.

Brief 4 gehört zweifellos in das Jahr 1165; er ist
datirt von dem 26. Januar aus Sens, wo Alexander im Jahre
1164 und 1165 sich aufhält. Der Brief kann nicht im Jahre
1164 abgeschickt sein, da er sich auf einen anderen bezieht,
welcher nach der griechischen Legation vom Jahre 1163 abgeschickt war. Diese finden wir noch am 16. Oktober 1163
in Frankreich.[2] Da nun eine Gesandschaftsreise zwischen

---

[1] Siehe Exkurs II p. 142.
[2] Bouquet XV 807.

Frankreich und Byzanz mindestens 2 Monate braucht,[1] (die Gesandten von 1163 brauchen 6 Monate[2]) reicht die Zeit vom 16. Oktober bis 29. Januar für zwei Gesandschaftsreisen nicht aus.

Der Brief Wilhelms von Pavia (3) ist aller Wahrscheinlichkeit nach in die Mitte des Jahres 1161 zu setzen. Um diese Zeit weilte Wilhelm als Legat des Papstes in Frankreich[3] und hatte als solcher Gelegenheit, Ludwig für ein griechisch-französisches Bündniss zu bearbeiten. Das hatte er denn auch im Auftrage des Papstes gethan. Da theilte ihm der Erzbischof von Benevent mit, dass der griechische Kaiser einem Bündnisse mit Frankreich nicht abgeneigt sei. Sofort schreibt Wilhelm an Manuel und bittet ihn, an König Ludwig Gesandte zu schicken, um diesem ein Bündniss anzubieten; er schickt zugleich einen Brief Ludwigs an Manuel, aus welchem der Kaiser ersehen werde, dass sich Ludwig mit aller Entschiedenheit für Alexander erklärt habe. Es ist dies der Bericht über die Synode von Toulouse, auf den Manuel in Brief 1 Bezug nimmt. In diesem Briefe entschuldigt er sich auch, dass es ihm nicht möglich sei *idoneos nuntios,* wie sie Wilhelm verlangt habe, zu schicken.

Für den Brief Ubalds von Ostia (2) lassen sich keine so sicheren Merkmale angeben. Er soll den Brief begleiten, den Manuel als Antwort an Ludwig gerichtet, und zugleich einen Brief des Erzbischofs von Benevent an den König. Das könnte auf 1161 und auf 1165 passen. Nun erhält aber der Brief Manuels vom Jahre 1165 schon das Begleitschreiben des Papstes; auffallend wäre es, wenn Ubald gar nicht auf des Papstes Schreiben Rücksicht genommen hätte, da er sich aller Wahrscheinlichkeit nach um diese Zeit in der Umgebung Alexanders befand. Er erscheint wenigstens in allen mir bekannten päpstlichen Urkunden aus dem An-

---

[1] Vergl. p. 150.

[2] Bouquet XV. 800.

[3] Er war nach dem Konzil von Pavia nach Frankreich geschickt und lässt sich noch am 23. Dezember 1161 (Bouquet XV. 772) als Legat in Frankreich nachweisen.

fange des Jahres 1165, in welchen überhaupt Zeugen genannt
werden.[1]

Der Brief Ubalds macht ganz den Eindruck, als ob er
zu einer Zeit geschrieben sei, da Ubald bei dem Erzbischof
anwesend war. Wie würden sich sonst die genauen Angaben
über die Sendungen der Boten, über die Gefühle des Erzbischofs beim Empfang des königlichen Briefes. vor allem,
wie würde sich sonst die Wendung erklären: *Petitionem
vestram et nostram Deus exaudiat*, durch welche Ubald erkennen lässt, dass er den Brief Ludwigs an den Erzbischof
gelesen und auch in seinem eigenen Namen auf diesen Brief
antwortet. Nun ist Ubald im Jahre 1165 mit dem Papste
in Frankreich, also sehr weit von Benevent entfernt; am
20. September 1161 lässt er sich dagegen in Terracina, also
nicht weit von Benevent nachweisen;[2] er ist hier in der Umgebung des Papstes, und dieser bleibt in Terracina bis zum
25. Dezember.

Es steht hiernach fest. dass die offizielle Anerkennung
Alexanders durch Manuel, die ep. 1 ausspricht, nicht erst im
Jahre 1162, wie Giesebrecht p. 258 annimmt, sondern im
Jahre 1161, und zwar nach der ausdrücklichen Aussage Manuels
auf Veranlassung des französischen Königs erfolgt ist.

---

[1] II. Non. Febr. Gallia Christiana II. 313. — VI. Idus Febr. Gallia
Christiana XII. 132. — 25. April Gallia Christ. X. 317. — Ausserdem
Bouquet XVI. 85 und 239.

[2] Garampi Illustrazione di un antico sigillo della Garfagnana
62 nro III.

V. EIN BRIEF FRIEDRICHS I. AN KAISER MANUEL.

In der Wiener Hofbibliothek Cod. pal. Vindob. 953 (Salisb. 103) f. 138ᵇ steht auf dem letzten Blatte einer Sermonensammlung aus dem Ende des zwölften Jahrhunderts ein Brief, welcher in den Tabulae cod. Vindobonensium I. 162 als Brief eines griechischen Kaisers an einen König über den Papst und den Sultan von Iconium bezeichnet wird, den Wattenbach in Pertz Archiv X. 549 aber schon als einen Brief Friedrichs I. an den griechischen Kaiser erkannt hatte. Ich wurde durch eine Anfrage von Prof. Weiland bei Prof. Scheffer, ob ihm der von Wattenbach mit den Anfangsworten angeführte Brief bekannt sei, auf denselben aufmerksam gemacht, und fand zu meiner Freude hier den vollen Wortlaut eines kaiserlichen Schreibens, von dem die Annales Stadenses MS XVI. 349 einige Sätze anführen.

Dr. von Ottenthal in Wien hatte die Güte den Brief für mich abzuschreiben. Da derselbe meines Wissens bisher noch nicht gedruckt ist, lasse ich ihn folgen:

F. divina favente clementia imperator inclitus triumphator a deo coronatus sublimis in Christo fidelis magnus pacificus gloriosus cesar Grecorum moderator semper augustus nobili et illustri regi Grecorum et inperatori dilecto fratri suo salutem et fraternę dilectionis affectum. Predecessorum nostrorum divę memorię inperatorum urbis Romę monarchiam divino munere et felix obtinuit victoria eamque nobis usque ad hec tempora successive potenterque transmisit, ut non solum Romanum inperium nostro disponatur moderamine, verum etiam regnum Grecię ad nutum nostrum regi et sub nostro gubernari debeat inperio. Sicut autem ille rex regum, a quo omnis potestas, Romanum inperium caput totius orbis constituit, ita etiam sedem Romanę ecclesię omnium ecclesiarum matrem unicam dominamque et magistram ordinavit, quod utique duorum gladiorum numero, quos quidem sufficere perhibuit, ipse auctor fidei Christianę patenter prefiguravit. Quapropter fraterni amoris pretextu, quem tuę gerimus excellentię, prudentiam tuam scriptis presentibus dignum commonere duximus, quatinus nobis et inperio Romano debitum honorem recognoscas et summo pontifici, quem nominetenus sanctum appellas, reverenter obedientiam exhibeas. Audivit autem nostra maiestas, quod occasio quedam inter patriarcham sanctę Sophię tuamque nobilitatem prebuit seminarium discordię. Cui si reconciliari intendis, pro bono pacis nos cooperatores habere poteris. Porro successibus tuę nobilitatis, quos, dum contra Soldanum regem Yconię exercitum duceres, divina gratia desuper tibi contulit, quos gratanter audivimus, eque congaudemus, prout tuam nobilitatem nostrę maiestatis prosperitati congaudere non diffidimus. Cum autem de quibusdam consiliis, quę Soldanus amicus noster tuę aperuit nobilitati, prudentiam tuam asseras mirari, nescimus, an per hec verba nostram maiestatem notare volueris. Si ergo remota nube verborum mentis tuę intentionem maiestati nostrę aperueris, nos universa consilia, quę cum ipso Soldano tractavimus, evidenter profiteri non erubescimus. Mirari vero non sufficimus, quod, dum fraternum amorem nobis promittis, per nuntios et per pecuniam tuam fideles inperii nostri a nostro servitio et fidelitate avertere niteris. Cum autem boni et stabiles viri in sua fide inmutabiles permaneunt, pravi vero ac perfidi tautum ad tuam voluntatem faciles inveniantur, parum nobis obesse poteris, minus autem honori tuo prospicis. Nam et fidem negligis et pecuniam inutiliter expendis. Si et nos et inperium nostrum sincera fide diligeres, equam a maiestate nostra vicissitudinem reciperes [1].

---

[1] Vgl. meine Ausführungen p. 105—109. Der vorangegangene Brief des griechischen Kaisers, vom dem Albert von Stade gleichfalls einige Sätze mittheilt, hat sich bisher leider nicht gefunden.

Inhalts-Verzeichniss.